청년아
희망 줄게
절망 다오

청년아 희망 줄게 절망 다오

아빠와 청년, 800만 일자리
창출을 위한
창조적 대화

허동민 · 백 천 공저

지금을 살아가는 여러분께

눈앞이 캄캄해지고 아득히 현실과 멀어져 절벽 아래로 떨어지는 느낌을 받았습니다. 우리는 역사 이래 최대의 스펙을 쌓았지만, 스펙의 정점을 찍는 순간 나락으로 떨어졌습니다. 아니, 떠밀렸습니다. 가장 슬픈 건 누가 떠밀은 건지 아니면 내가 모자란 건지, 사회의 탓인지 구분조차 가지 않는다는 겁니다. 모든 조건이 바닥을 치고 있고 눈앞은 흐려지고 있었습니다.

이런 상황에서, '청년'은 그저 누군가에게 외쳐 묻고 싶었습니다. 우리가 왜 이렇게 됐나요? 아니아니, 나는 어떻게 해야 하나요? 살고 싶은데 살 수 있을까요?

이 책은 이런 질문들로부터 시작되었습니다. '우리가 살 수 있는 길'을 찾고자 하는 간절함이 이 책을 쓰게 된 원동력이었습니다. 그리고 여기엔 '청년'의 간절함을 풀어주고 싶은 '아빠'의 간절함도 포함되어 있지요.

다양한 사람들을 만났고, 다양한 이야기를 나누며 수많은 토론이 오갔습니다. 세상이 말해주는 것들도 구석구석 뒤져보았습니다. 그렇게 만들어진 이 책은 다양한 질문과 대답을 모아둔 간절한 대화의 총집합체일 뿐입니다.

책 제목처럼 '아빠'는 '청년'의 절망을 자신이 가져가고, 희망을 주고 싶어 합니다. 페이지 한가득 어떻게든 자신의 영역 안에서 희망을 찾아 꺼내주려는 모습을 찾으실 수 있을 겁니다. 서툰 표현들이지만 사회적 책임을 통감하는 윗세대의 마음을 보여드리고 싶었습니다.

대화의 끝 무렵, 저는 '청년'의 입장에서 현재의 문제를 누군가의 탓으로 돌리거나 해결을 종용하고 싶지는 않아졌습니다. 다음 사회를 이끌어나갈 사람으로서, 보다 더 나은 생각과 대처로 함께 앞으로 나아갈 방법을 찾고 싶어졌습니다.

이 책이 정답을 말하고 있다곤 장담할 수 없습니다. 그렇지만 최소한 저에게는, 희망을 주었고 절망을 다스릴 수 있는 성숙한 세대로서의 준비 자세를 갖추게 해주려고 최선을 다했습니다. 이 한 권의 대화에 참여하는 여러분이 어떤 느낌을 받을지는 모르지만, 그것이 무엇이든 우리 모두 다음 사회의 주역이며 우리 손에 모든 것이 달려 있다는 것을 잊지 않았으면 좋겠습니다.

2016년 봄
'청년'

부록

사회·교육 이야기

제1장

경제 이야기

'**손뼉자생경제**'란 어떤 분야이든 극과 극의 대립으로 한쪽이 쇠퇴하는 현상을 거부하는 것이며, 극과 극의 장점을 융합하여 상생하자는 경제론이다. 예를 들어 대학 문과와 이과의 '대립과 성쇠' 변화를 살펴보자. 전세계는 문명의 이기를 만끽하는 소비지향형 경제가 되었다. 자동차산업의 경우, 대량생산과 각 부품 및 차량의 전반적 기능 강화를 주목적으로 이공계 사원채용을 선호하는 것이 일반적인 추세였다. 그 결과 상대적으로 인문계 출신의 취업이 어려워진 것이 사실이다.

그러나 세계적인 추세는 변하고 있다. 인문학의 창의력과 감성을 덧입힌 제품이 소비자에게 어필하는 시대가 되어 가고 있다. 즉 기능 중심에서 사람 중심으로 변화하고 있다는 것이다. 단순한 기능성 제공을 넘어서 인문학의 창의력과 감성이 더해진 '제품' 또는 '서비스'가 소비자들의 구미를 만족시키기 시작한 것이다.

철학을 전공한 애플사의 스티브 잡스가 신기술과 과학의 집약체에 그만의 '인문학적 감성'을 '코팅'하여 희대의 걸작, '아이폰'을 창조해 세계적인 각광을 받은 것이 대표적 사례이다.

이 예시가 시사하는 바는 실로 크다. 미래를 예측하고 준비하는 기업이라면 모든 기획의 초기부터 인문학을 배운 문과 출신이 참여하는 시스템을 구축해야만 하는 시대가 온 것이다. 간학문적인 접근으로서, 이학 전공자가 놓칠 수 있는 인간의 심리 또는 다양한 인문학적 욕구를 인문학 전공자들이 발견하고 충족시키는 등 다방면·다각도로 접근할 수 있기 때문이다.

예를 들어 전기밥솥 하나를 만드는 일은 특별히 어려운 일은 아니지만 기능의 종류와 디자인, 민족적·문화적 호불호를 감안하여 소비자의 감성을 자극하는 것은 단순한 기계적·수리적 접근만으로는 불가능하다. 그렇기에 이공계뿐만 아니라 인문계의 중요성과 역할이 부각되는 시대라고 본다.

그러므로 인건비 상승을 염두에 두고서라도 '꼬마' 제일기획, 또는 '꼬마' 디자인씽킹(Design Thinking) 팀이 각 부서마다 배치되어야 한다는 생각을 '경제 이야기'를 시작하며 말하고 싶다.

Think Smart

Lead Smart

백성을 등 따시고 배부르게 하는 것이 최고의 왕도王道다!

'손뼉자생경제'를 위한 '경제순환민주화'

청년　아빠~ 지난 18대 대선에서 3명의 대권주자들이 모두 경제의 중요성에 방점을 찍은 대선 공약을 했는데요. 당시 박근혜 후보는 '창조경제론', 문재인 후보는 '공정경제론', 안철수 후보는 '혁신경제론'을 각각 주장했잖아요? 아빠는 18대 대선 때 저에게 '손뼉자생경제론'을 열강(?)하셨는데, 지금은 이 세 가지 경제정책을 어떻게 보세요?

아빠　그래! 지난 대선주자들의 경제정책을 비교·분석해 보면 그분들이 어떤 현실감각을 가지고 있고 어떤 기준점에서 출발하여 어떤 방향으로 가는지를 알 수 있을 것 같다. 일단 국민들은 박근혜 후보의 '창조경제론'을 선택했고 박근혜 정부는 경제공약에 근거하여 가감조

14

절을 하며 국정운영을 하고 있다. 사실 아빠는 그 세 분의 경제정책은 우열을 가리기보다는 상호보완적 개념들로 상관관계를 가진 하나의 정책으로 본다. 대선주자들은 하나같이 자신이 공약으로 내건 경제정책이 최고라고 주장만 하지 상대방의 경제정책 중에 좋은 부분을 인정하고 나중에라도 그 부분을 취하겠다고 하는 정말 쿨하고 멋진 분이 없더구나.

청년　아빠! 올바른 경제정책은 그 세 가지 공약 중에서 장단점을 뽑아 써야 한다는 얘기지요?

아빠　그렇지! 사실을 말한다면 세 분 다 이전 정부들이 하던 사업들을 적절히 벤치마킹하고 명칭과 용어를 바꾼 B플랜 정도일 뿐 역설적 발상의 대전환이 너무나 부족한 탁상공론이라고 감히 생각한단다. 대단히 죄송하지만, 마치 정부 각 부처 공무원들의 서랍 속에서 잠자던 숱한 사업기안서나 선거 때마다 우려먹던 정치연구가들의 정책보고서를 용어만 바꾼 것처럼 왠지 낯익은 정책공약들이었거든.

청년　뭔가 역설적 파격이나 국민의 시선을 사로잡을 큼직한 공약이나 '슈퍼이슈'가 없었다고 생각해요.

아빠　우선 **박근혜 대통령의 창조경제론**은 IT 정보통신 및 과학기술과 문화한류 등을 서비스, 제조업과 농업 같은 기존산업과 접목·융합하여 정보센터와 창조경제 인큐베이터에서 일자리 창출을 하겠다는 스마트 뉴딜 정책[1]이었다. 특히 아빠가 주목했던 것은 '17개 빅데이터 혁신센터' 전국망의 역할과 운용 방식[2]이었다. 빅데이터 혁신센터에서 사업 아이디어를 공유하는 'K-크라우드 구축'과 오프라인의 '창조원정대 멘토단'도 좋은 제도이고, 정부 각 부처 벤처 지원 프로그램을 하나로 일원화시킨 'K-글로벌 프로젝트'도 좋은 구상이다. 창업을 원하는 사람과 기업이 필요한 데이터를 쉽게 찾고, 또 그 데이터 사용료를 일부 지불하는 글로벌 빅데이터 시장 자체가 하나의 '신사업 공간'이라고 볼 수 있거든.

뒤에서 자세히 설명하겠지만 아빠가 구상한 '토털정보클럽'의 기능과 거의 흡사한 것이 재미있지 않니? 아빠가 평소 말하던 '손뼉자생경제'의 아이디어와 많이 닮기도 했고 말이야. 또 일자리 창출을 위한 기반 인프라 융합 측면에서 아빠의 '손뼉자생경제'의 'NBS 터미널'과 창조경제의 17개 지방 '경제혁신센터'는 너무 닮아 있어 흥미로웠단다.

정부가 아닌 민간이 주도해야 성공한다

아빠　창조경제론과 아빠의 생각이 다른 부분은 '창업 인큐베이터'나 '기반 인프라 융합'을 정부나 공공기관이 아닌 민간이 해야 한다는 점이야. 또 대상 창업 희망자들이 자발적으로 운영하고 정부는 지원하는 역할에 머물러야 한다는 점이지. 최근 몇 년간의 청년창업투자를 살펴보면 이제는 그 결과가 빛을 발해 제2의 페이스북과 구글이 탄생할 만도 한데, 아직 아무 소식이 없는 이유는 무엇일까? 아마 그 이유는 정부가 주도할 경우 결과에 대한 책임소재 여부와 추후 예산확보에 대한 부담감 등으로 인해 서류상의 결과에 치중했기 때문이 아닐까 싶다. 그 결과 창조적인 수많은 도전자들이 빛을 볼 기회가 좁아진 것이 우리나라에 구글이나 페이스북 같은 아이디어가 없는 이유일 것이다.

그리고 더 중요한 키워드는 많은 국민들이 연령제한 없이 스마트폰과 PC를 통해 혁신센터의 빅데이터 베이스에 자발적이고 수월하게 접근하여 활용할 수 있게 쉽고 단순한 프로그램이 하나 있어야 하는데 '창조경제'에는 그것이 빠져 있더라.

또한 창조경제의 화룡점정은 '경제순환민주화'와 '신사업 공간운동'이 접목되어야 창조경제가 현실성 있는 결과물을 만들어내고 성공할 수 있을 것이라 자부한단다. 현재, 박근혜 정부에서 산고 끝에 창조경제 혁신센터를 전국에 17개소를 만들고 빅데이터 플랫폼을 강원도 춘천에 설립했지만 자칫 잘못하면 그 영향력이 크지 않을 수도 있다고 생각한다. 초기에 성공적인 모델을 만들고 그 메인 모델을 닮은 성공사례들을 많이, 빠르게 구축해 나가야 하는데, 여기에 집중하지 못하고 타이밍을 놓쳐버리면 정권 말기 두 번의 큰 선거와 사회 돌발변수로 인해 흐지부지되어 버릴 수도 있단다. 게다가 정권이 바뀌면 과거 정권들과 같이 또다시 없었던 정책, 실패한 정책으로 잊혀지지나 않을지 염려스럽구나.

오죽하면 제9차 무역투자진흥회의에서 박근혜 대통령은 수출부진의 현실에서 5년, 10년 후 무엇으로 우리가 먹고살 것인지 고민해야 할 때[3]라고 하더라. 그러면서 "모든 규제를 물에 빠뜨리고 꼭 필요한 규제만 살려야 한다."[4]고 했지. 아빠는 그 의미만큼은 100% 공감이다. 혁신에서 가장 중요한 맹점을 꿰뚫은 지적이라고 본다.

청년　아빠, 정부 발표로는 창조경제의 가시적인 효과를 자랑하는데, 국민과 청년들에게 현실적으로 와 닿는 효과는 아직까지 미미하다는 것이 문제예요. 하지만 악재 속에서도 이란과 문화경제 외교를 성공적으로 이끌어낸 것은 현정부의 큰 노력이라고 볼 수 있겠지요.

창조경제의 성공은 슈퍼이슈 창조에 달렸다

아빠　딱 한 가지만 팁을 줄게. 창조경제 시스템이 성공하고 일자리 창출의 모멘텀을 얻으려면, 전국민의 특별한 관심과 청년실업자와 명퇴자가 스스로 참여할 수 있도록 유도하는 강력하고 특별한 '슈퍼이슈'가 있어야만 한다고 생각한다. 개인적으로는 아빠의 '경제순환민주화'와 '신사업 공간운동'이 그 대안이 될 것이라고 확신하고 있다.

어쨌든 박근혜 대통령이 공약한 경제공약의 모습들이 집권 4년차부터 조금씩 나타날 걸로 기대해 봐야 하겠지? 재원 마련에서는 금융부분 과세, 고소득자 과세 파악, 탈세척결, 세출절약 등 주로 빠져나가는

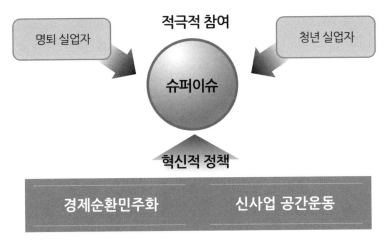

|그림 1| 슈퍼이슈 개념도

세출을 절약하고 탈세와 놓치는 세수를 찾아내는 등 나라살림을 잘 꾸려서 증세를 최대한 하지 않거나 최소화하겠다는 세심한 정책5)이었지. 실제로 몇 년간 그러한 정책이 현장에서 일어나고 있는 걸 확인할 수 있었다. 복지 예산의 누수적발도 성과가 상당한 모양이고, 덧붙여 절약정신과 사회원칙을 세우는 정책들을 시행하고 있단다.

  하지만 이러한 정책시행이 일반 국민들 입장에서는 당연한 원칙이긴 하지만, 뭔가 자잘한 세금을 갑자기 더 내는 것 같은 섭섭한(?) 마음이 들 수도 있다. 당연히 정부 인기는 떨어지겠지만 누군가는 반드시 해야 하는 정책시행이라고 생각한다.

청년   대통령은 열심히 나라살림을 꾸려보려 노력하는 것 같은데 주변 참모들의 덜컥수(비리와 뇌물수수 등 좋지 않은 일에 관여해 물러나거나 철창 신세를 짐)가 많았고, 또 각 부처 안에 '창조경제'를 이끌 장영실 같은 '창조적 리더'들이 많이 보이지 않는 것 같아요. 특히 정부 출범 후 악재가 너무 많았어요. 아무튼 외치를 아무리 잘해도 내치가 원활하지 않으면 국민들의 호감을 얻지 못한다는 것을 과거 정부를 봐도 알 수 있잖아요. 부디 이번 박근혜 정부가 주변국과의 실리외교와 청년실업 같은 난제를 지혜롭게 풀어서 우리 7포 세대를 구원해 주면 좋을 텐데요.

아빠   그래, 그건 아빠의 희망사항이기도 하다. 그동안 청년실업 구제를 위해 수조 원의 예산도 썼고 박 대통령 아이디어로 직접 만든 청년창업펀드[6]도 1,000억이 넘게 모였다는데, 청년실업률은 9.5%를 훌쩍 넘었다.[7] 그동안 뭐가 된 게 있는지 아직까지는 선명하게 보이지가 않는구나. 전국에 혁신센터도 17개나 세웠는데[8] 얼마나 활용되어 언제쯤 일자리 창출 효과가 나타날까? 대통령도 우리 국민도 마음은 급한데, 2016년 우리나라의 경제상황이나 실업문제는 오히려 더 심각해져 가고 있는 것 같다.

청년   하긴 세월호와 메르스 사태로도 모자라서 국회와의 관계, 경제·안보 관련 필수법안의 국회 통과시한 마감사태, 세계경제 위축, 북한 4차 핵실험, 총선 결과와 대선을 비롯해서 지금의 국정 업무가 태산 같으니까요. 잠시 호흡을 멈추고 한 걸음 옆으로 비켜서서, 이 난국을 관조할 여유조차 없잖아요.

아빠   두 번째로 **문재인 후보의 공정경제론**[9]은 성장, 일자리, 복지, 경제민주화 '4두 마차 경제론'이라는 양립하기 어려운 공약을 한 바구니에 모은 것 같더구나. 과거 故노무현 정부 때 흐지부지된 '경제민주화 정책의 제2탄'이라고나 할까? 공정한 시장경제 질서 확립, 공정한 분배, 한국형 뉴딜 추진 등을 제시했다. 이때 박근혜 후보와 문재인 후보는 똑같이 '경제민주화'라는 개념을 공약으로 내세웠으니, 그 당시 하나의 트렌드와 같았지.

문재인 후보도 '경제민주화'의 이름 아래, 약간 모호할 수도 있는 '공정'이라는 복지 분배에 집중했다. 하지만 어떤 산업분야를 무슨 재원으로 어떻게 발전시켜서 경제성장을 이루겠다는 것인지. 특히 자본(고용주)과 노동(노동자) 사이의 균형추를 어떻게 '공정'하게 재조정하겠다는 것인지 등의 구체적인 각론과 세부사항은 다른 후보들과 마찬가지로 제시하기 어려운 듯했다. 사실 겉으로는 그렇게 말하지만 공산주의나 사회주의도 아닌 민주주의 한국에서, 문재인 후보뿐 아니라 그 누구라도 '자본과 노동'의 양쪽 모두의 입맛에 맞출 공정한 묘책이 쉬운 일은 아니다.

특히 지난 대선전략에서 모든 후보들에게 아쉬운 점이 있다면 지나치게 노동자, 농민과 중산층의 표를 의식해서 주지도 못할 그림의 떡을 너무 남발하는 것이 었다. 국고에 아무것도 없는데 무슨 돈으로 그런 복지를 다 해주겠다는 건지, 현실을 너무 미화하면 듣는 국민들도 거짓 환상에 젖어 일부러 실체적 진실을 외면한 채 항상 달라고만 하는 게으른 속성이 생길 수도 있단다.

지나친 복지정책은 바로 눈앞의 파멸도 예방하지 못한다. 우리에게 나눠줄 떡이 없는데 예수님처럼 오병이어(五餠二魚) 기적을 행할 수도 없으니 결국은 부자 재벌들한테 막무가내로 부자세를 내라고 하는 단견의 무리수가 주변에서 흘러나오는 것이겠지? 또한 실체가 아직도 모호한 '경제민주화'라는 개념 탓에 자유민주주의 시장경제체제에 이견과 모순이 생길 수도 있는 정책들이 진보 측 주변에서 나오는 수순으로 가지 않을까 예상하는 견해가 많았지.

'경제민주화'는 모순을 일으킬 수도 있다

아빠   사실 아빠는 그 '경제민주화'라는 용어 사용에 이견이 있다. 아마도 소득분배에서 피고용자들의 임금안정(실제는 고임금을 원하는)을 위해, 고용주(자본)의 수익배분을 현저히 줄여, 현재(2012년 기준) 노동소득분배율 68.1%를 현저히 높여 노동자에게 분배하자는 내용이 핵심이 아닐까 생각한다. 거기에 더해서 대기업의 활동 영역과 지배 시스템에 일정부분 제약을 가하여 중소기업과 영세기업을 보호하거나 진출영역을 넓혀주겠다는 시스템적 법제화도 들어 있으리라 추론한다.[10)]

그렇지만 아빠는 그 용어 사용부터가 모순이라고 본다. 현재 우리 사회를 구축하고 있는 자유시장경제 체제의 결과물이 이미 '경제민주화'란다. '자유시장경제 체제' 아래에서 국민이 자기 능력껏 일하고 노력한 결과물을 가져간 결과치가, 현재 전세계 민주주의 국가의 '경제민주화의 결과적 상태'인 것이다. 물론 기존의 규칙이 반세기를 훌쩍 지나고 나니 불공정하다는 이의제기를 시작으로 '경제민주화'가 자주 언급되고 있지만, 전세계가 이미 반세기 이상 그 길을 달려온 것을 어찌하겠느냐? 소크라테스의 말처럼 그 법 아래에서는 '악법도 법'인 것을.

아빠 생각에는, 아마도 정치인들이 두 부류로 나뉘어 '경제민주화의 내심(內心)'을 동상이몽으로 해석하고 있다고 본다. 즉 '경제사회주의화'의 분배이론[11]이 녹아 있는 '경제민주화'를 추구하는 부류가 있고, 또 한 부류는 다수인 서민표를 의식한 '개국정책'의 하나로 '경제민주화'를 본 것이라 추론한다. 부연하면, '경제민주화'의 용어와 내심(본심)을 단순히 서민들에게 뭔가 경제적으로 나아질 것 같은 기대감을 주는, 막연하고 폼 나는(?) 선거용으로 선택하는 것이지.

청년　　아빠, '경제민주화'라는 용어에 들어 있는 메커니즘의 실상은 아빠의 말씀이 맞는 것 같아요. 즉 정부가 앞장서고 입법부가 뒷받침해서 고용주와 재벌의 수익배분을 줄이는 장치를 쓰겠다는 것이지요? 결국 강제성이 있는 소득분배 방식이니까 '경제민주화'를 표면에 내세우고 '경제사회주의화'를 할 요량이에요. 처음부터 대놓고 '경제사회주의화'를 내세울 분위기는 아니니까 '경제민주화'라고 말하고 나중에 정책을 시행할 때는 '경제사회주의화'로 변모할 수 있겠군요.

'경제순환민주화'가 이 시대 정답이다

아빠　　그럴 것이다. '경제민주화'가 옳으냐, '경제사회주의화'가 옳으냐 하는 문제는 차후의 문제이다. 아빠는 그렇다고 해서 '경제사회주의화'가 나쁘거나 잘못된 정책이라고는 절대 생각하지 않는다. 한국 경제가 파탄 직전에 봉착한다면 어쩔 수 없이 그 무엇이라도 사용해야 한다. 그러나 아직까지는 중국의 '흑묘백묘 경제이론'처럼 경제'만' 잘 잡으면 된다는 강제적 방식은, 중국이나 베트남 같은 사회주의 국가나 독재국가에서 가능한 이론이라고 생각한다.

　　하지만 민주주의가 정착된 국가에서는 '흑묘백묘 경제이론'으로 경제'도' 잘 잡아야 진짜 훌륭한 경제이론이라고 생각한다. 이 말은 이솝우화에서 나그네의 모자와 옷을 벗기기 위한, 추운 바람과 따뜻한 햇빛의 방법 차이 같은 것이란다.

　　아빠가 내어놓는 '손뼉자생경제론'은 '경제민주화'가 강제가 아닌 '선의로 富가 순환'되는 방식이란다. 다시 말해 '경제순환민주화'라는 정책과 '신사업 공간운동'이야말로 경제'만'이 아니라, 기존 자유시장경제 체제를 손상시키지 않으면서'도', 경제'도' 다 살리는 양수겸장兩手兼將의 묘수란다.

청년　　그렇군요. 휘몰아치는 바람은 강제적 시스템을 의미하고, 따뜻하게 내리비추는 태양빛은 설득적 시스템이라 말할 수 있겠네요. 그러니까 자유시장경제 체제 아래에서, 상대적으로 많은 결과물을 얻은 이

(부자, 재벌)들이 '스스로' 옷을 벗을 수 있도록 하는 방법 말이에요. 그것 이야말로 진정한 '경제순환민주화'라는 생각이 드네요. 아빠, 그 민주 적인 경제순환의 각론적 방법이 '신사업 공간운동'이라는 것이지요?

아빠　　호~ 네가 멋지게 정리해 주는구나. 그래, '경제민주화'라는 용 어는 그 속에 있는 다른 모습 때문에 이미 오염되었고, 자체 모순이 드 러나버렸다. 그러나 '경제순환민주화' 개념은 자유시장경제의 문제점 인 '부(富)의 편중'과 '사회 갈등'은 물론 '경제멈춤 현상'까지 일거에 해소할 가장 '민주적인 경제순환 개념'이라고 생각한단다.

　경제자본의 적체와 편중이 강제(사회주의, 공산주의, 독재)가 아닌 자 유민주적으로 순환되는 정책과 경제 시스템이 '신사업 공간운동'의 백 미가 되는 것이지.

청년　　아빠, 사실 제 친구가 회사 다니다가 퇴사한 지 3개월째인데 실업급여를 받으면서 쉬고 있거든요. 더 좋은 회사를 찾으면서요. 저 도 실업급여를 받아본 적 있는데 사실 구직활동할 때 정말 큰 힘이 돼요. 수입이 없는 상황에서 정부가 구원의 손길을 내밀어준 느낌이랄까…. 그런데 다른 복지국가에서는 거의 평생을 실업급여로만 사는 사람도 있다더라구요. 그건 좀 심하지 않나요? 인간의 기본권을 지켜주는 것 도 바람직하지만, 탈무드에서 자식에게 물고기를 주면 의타심만 생기 니 물고기 잡는 법을 가르치듯이 살아갈 방법을 이끄는 복지정책을 펼 치는 것이 훨씬 현명한 듯해요.

게다가 실제 재산은 수억~수십억인 사람이 어떻게 했는지 모르겠지만 기초수급생활자로 등록되어 나라에서 생활비를 받기도 한대요. 어떻게 복지예산이 이렇게 헛되게 쓰일 수 있는지···. 앞으로 '신사업 공간운동'의 정부 측 예산인 NBS기금에 현재의 실업급여도 개월 수를 조정한다든지, 재취업 교육 관련 예산과 복지누수 예산 등을 청년실업을 해결하는 NBS기금으로 전환하는 방안도 연구해 봐야 할 것 같아요.

민주주의는 '다수의 공익'을 위하는 제도이다

아빠　정말 그럴 수도 있겠구나! 평생 일 안 하고도 적당히 먹고살 수 있으면 일할 의지가 줄어들어 정부에만 의지하고, 서류 조금만 꾸미면 공짜로 생활비가 생기다니, 생각만 해도 뭔가 허탈해지는데? 하지만 복지는 한 번 준 것을 다시 안 주기는 정말로 어렵단다. 해당자들의 반발이 만만치 않겠지.

우리나라 일 년 예산이 이젠 약 360조 원이라는데 그 중 복지예산이 약 103조 원에 이른다고 하니 전체 예산의 1/3에 가까워. 그런데 정부 통계로는 그 복지예산이 엉뚱한 곳으로 줄줄 새고 있다고 해.[12] 박근혜 정부 들어와서 복지예산의 누수 적발 금액이 현재 약 1조 원을 넘었다고 한다. 좀더 치밀하게 감독해서 약10%만이라도 찾아낸다면 약 10조 원에 이르는 엄청난 예산을 '청년·명퇴 실업' 해소 정책에 집중하여 실제적인 효과를 도출해 낼 수도 있을 텐데···.

또한 그 10조 원을 매년 국방비에 투자한다면 주변국들이 다 가지고 있는 스텔스 전투기를 보유할 수도 있고, 우리의 T-50을 스텔스 전투기로 개량 발전시킬 수도 있을 거야. 미국의 F-35와 F-22랩터, 러시아의 SU-50 파크파, 중국의 J-31, J-20은 물론, 일본의 X-2까지 시험비행 중이란다. 사실 스텔스 기술은 인도도 보유하고 있으니 인도와 합작을 추진할 수도 있을 테고.[13]

아빠가 전에도 주장한 바 있는 '대양해군', 즉 '수직이착륙 전투기'와 링스헬기, 상륙헬기 등을 갖춘 '준항공모함' 3척을 준수할 수도 있다. 그러면 우리도 항공모함을 호위하여 이지스함과 순양함, 구축함 및 잠수함으로 구성된 '대양해군 88함대' 3개 편제(동해, 남해, 서해)를 보유하여 독도와 이어도까지 경비하고, 석유와 물자 수송로를 보호할 수 있는 해양강국이 될 것이다.

독도에 대해서도 일본은 다케시마의 날이라는 축일을 만들어서 11년이나 유지하다가 이젠 중앙정부까지 슬쩍 끼어들었다. 각종 팸플릿을 지속적으로 발행하다가 결국 초·중·고 교과서에 우회적인 방법으로 실었더구나. 그에 반해 우리나라 외교부는 무대응이고, 민간에서는 다소 감정적이고 일시적인 퍼포먼스를 한두 번 하고는 또 지나가 버린다. 내 생각에는 '실효지배'를 하고 있는 이점을 전혀 살리지 못하는 '단견 전략'이 바로 외교부와 역대 정부의 '무대응 전략'이라고 본다.

울릉도에 준항모전단 정박항을 만들고 관광호텔 및 소규모 컨벤션 시설과 해양 관광코스를 독도를 포함하여 개발해야 한다. 독도에도 접안시설 확충 및 숙박관광 시설을 하되 입도 인원 제한을 두고, 독도에서 발생하는 오폐수와 쓰레기 등은 청정환경시스템을 철저히 도입하고 일반쓰레기 등은 울릉도로 이송하여 1차 처리한 후 육지로 운송하여 처리하면 어떨까? 그렇게 환경친화적 시설을 갖춘 후 전세계에 환경관광 명소이자 국제회의장으로 세계인을 초청하는 거야. 이것이 '독도는 우리 땅'이라는 노래만 부르는 소극적인 대응에서 벗어나 세계에 적극적으로 '독도는 한국 땅'임을 알리는 것이라 생각한단다. 이 과정에서 일본 우익의 소리는 신경 쓸 필요가 없다. 독도는 당당한 한국의 영토로 실효지배를 하고 있기 때문이다.

기왕 말이 나온 김에 국방과 외교에 대한 얘기도 조금 해볼까? 우리의 국방 무기체계는 미국의 체계를 따르지만, 국가재정과 해양의 지정학적 이유를 들어서라도, 영국이나 유럽산 '수직이착륙 전투기'를 '해군용'이라는 명분으로 수입하여 준항공모함의 주력 전투기로 활용해야 한다고 본다. 국방예산이 늘어난다면, 아직은 미완이지만 한국의 스텔스 기술과 '분열탄 기술'을 접목한 공대공 미사일 기술을 첨가해 주변국 스텔스 전투기들과의 전투격차를 줄일 수 있을 것이다. 현재의 한국 전투기들은 '공중 급유기'가 제대로 준비되지 않은 상태라서 독도의 비상상황 발생이나 이어도 쪽의 비상발생 시 전투기 출격으로 장시간 초계비행이나 위협작전 자체가 불가능하다고 한다. 그러나 '수직이착륙 전투기'들은 울릉도나 제주도 근해에서 작전하는 '준항공모함'이 공중 급유기 역할을 하여 대양해군과 공군의 영해방공이 보다 쉬워질 것이다.

이러한 일들을 위해 무조건 복지를 줄이자는 것은 아니다. 정부와 지자체 그리고 공기업과 공공기관의 재정행정을 구간별로 끊어서 감독하여 불필요하거나 부정부패에 의해 새는 곳을 찾아내자는 것이다. 또한 국가예산을 좀더 생산성 있는 곳에 집중하여 국민 스스로가 일자리 창출에 의한 소득증대를 이룰 기틀을 마련하자는 뜻이다.

그래서 탈무드의 지혜처럼 아빠의 신사업 공간운동으로 '대안제시(당근)'를 하면서 국민적인 호응을 얻어낸다면, 잘못된 복지의 '구조조정(채찍)'도 충분히 가능한 일이다. 과거 새마을운동을 할 때 밀가루와 물자를 그냥 주지 않고, 사방공사로 나무를 심게 하는 지혜를 이미 경험한 자산이 있지 않니? 민주주의란 '다수의 공익'을 위해 '소수의 이익을 선의(善意) 제한'하거나 다른 쪽으로 유도할 수 있는 입법과 행정을 할 수 있을 때 건강하고 건설적인 민주주의 국가의 모습으로 발전하기 때문이다.[14]

무능한 정치 때문에 '혁신'하면 불법이 된다

아빠　세 번째로 **안철수 후보의 혁신경제론**은 경제민주화에 의한 복지와 혁신경제가 투트랙으로 선순환하는 경제시스템을 만들겠다는 사업가다운 경제정책이다.[15] 대기업 중심인 한국경제 시스템을 중소기업이 주체가 되는 시스템으로 바꾸어서 수많은 중소기업이 중견기업이 되고 다시 대기업으로 성장을 이루는 과정에서 양질의 일자리를 창출하는 것이 혁신경제론이라고 말했다.[16]

소수의 덩치 큰 대기업보다 다수의 중소기업이 고용창출을 더 많이할 수 있다는 원칙에는 아빠도 깊이 동의한다. 하지만 여러 연구소도지적했지만 역시 안철수 후보도 구체성이 떨어지고 중소기업의 현실적인 한계를 어떻게 극복시킬 것인지에 대한 각론이 부족했다.

아빠는 글로벌 경쟁시대에선 현재의 대기업처럼 몸집을 키워야 글로벌 경쟁에 유리하다는 현실을 간과하면 안 된다는 생각이다. 대기업은 대기업의 역할이 있고 중소기업과 벤처는 그들만의 장단점과 역할이 있단다. 안철수 후보의 중소기업을 활성화시켜 중견기업으로 성장하고 다시 대기업으로 가는 과정에서의 고용창출 증대 정책과 방향에는 아빠도 적극적인 동의를 하고 싶구나.

그래서 지금의 안철수 야당대표는 '공정성장론'이라는 명칭으로 전환하여 이번 20대 총선전략으로 발표했다.[17] 대기업과 중소기업, 고용주와 노동자가 지금보다는 좀더 공정한 룰에 의해 경제생산 활동을 하자는 취지니까 국민들이 지켜보면 되겠지?

하지만 나중에 '신사업 공간운동 편'에서 다시 말하겠지만, 현재 우리나라는 안철수 후보뿐 아니라 그 누구의 혁신일지라도 혁신 자체가거의 불가능한 사회구조란다. 정부기관부터 국회, 공기업, 지자체, 사회단체, 노조단체 등등 속으로는 반대하면서도 겉으로는 명분 좋게 '혁신하자, 혁신!' 하는 거란다. 혁신을 하면 현재로서는 모두 불법이 되는 이 아이러니를 어쩌면 좋단 말이냐?

청년　아빠~ 모두가 혁신을 주장하고 있는데 우리나라 현행법 상 모두 불법이고 현행법 위반이 된다는 말이에요? 모순이네요, 모순! 그럼 현실적 한계, 예산 마련, 정책실천의 동력, 법률제도 시스템의 미비점들을 바탕으로 경제공약을 한마디로 요약하면 뭐예요?

아빠　에구~ 질문은 엄청 복잡하고 심층적으로 해놓고 답은 한마디로 하라는 거냐? 옛날의 故신현확 총리가 그렇게 한마디로 보고하라고 말씀하셨는데…. 어쨌든 세 분의 경제공약을 묶어서 한마디로 답해보마.

첫째, 과거 대통령들과 달리 슈퍼이슈가 없다.

둘째, 가장 중요한 예산마련 대책이 없는 것이나 마찬가지다.

셋째, 대상 국민을 감동시킬 동기부여 전략이 없다.

넷째, 금융개혁이 최우선되지 않으면 어떤 정책도 성공할 수 없다.

다섯째, '직진차량 우선권' 같은 '신사업 공간운동 우선권'의 규제철폐용 입법이 절대 선결과제이다.

자~ 한마디로 답을 했지? 그러면 네가 서너 마디도 좋으니 이 답에 주를 달아보아라.

청년　음~ 좀 정리가 되네요. 저도 그럼 서너 마디로 분석해 볼게요.

첫째, 박정희 前대통령의 새마을운동, 노태우 前대통령의 6·29선언과 민주직접 선거, 김영삼 前대통령의 금융실명제, 김대중 前대통령의 남북정상회담(햇빛정책), 이명박 前대통령의 말 많은 대운하(4대강 사업) 등과 같은 국민적인 큰 이슈가 없이 세 분의 대선공약은 대동소이한 정책들이었다.

둘째, 국가부채가 2012년 기준 32.8%로 약 448조 원이었고 2014년은 530조 원이 넘었고 2015년은 580~600조 정도를 예상하는데요.[18] 우리나라 은행 금융 특성상 공기업부채와 가계부채까지 정부 부담으로 직접 작용하면 국가부채율이 3배는 될 텐데요. 이런 상황에서 돈이 있어야 무슨 일이든 할 텐데 복지나 창업 재원마련은 난제 중의 난제죠.

셋째, 온 힘과 마음을 모아 다시 한번 잘살아보세를 외쳐야 할 국민들에게 사회지도층과 부유한 계층의 솔선수범이 없고 국민을 설레게 할 '감동적인 비전 제시'가 없다.

넷째, 사실 나라에 돈이 없어서 기업과 사회가 어려운 것이 아니라 부와 자금이 편중되고 적체되어 돈이 원활하게 돌지 않는 것이 경제 침체의 주원인이니까, 돈을 돌게끔 만드는 '금융시스템 개혁'이 모든 개혁에 앞선 선결과제이다.

다섯째, 혁신과 개혁을 하여 새로운 경제, 새로운 사업군을 창조한다는 것은 거의 90%가 현행 실정법 위반이 된다. 그러므로 '신사업 공간운동 우선권' 같은 신규 입법을 만들어 기존 실정법에 저촉이 되어도 대통령 시행령 등을 소급하여 사업을 우선 시행하도록 법을 재규정해야 한다. 그런 다음 국회가 규제철폐와 법률개정 등을 상시 입법화하여 뒷받침해야 '제2의 한류경제 기적'이 일어날 수 있다는 거지요. 에헴!

아빠　오호~ 분석능력이 이젠 정말 대단하구나? 정책입안에서 가장 중요한 것은 기초 뼈대를 세우는 최초 아이디어란다. 세세한 법률적 고려와 재정회계에 관한 통계와 수치는 전문가들을 모아서 살을 맞추면 되지만 '고양이 목에 방울을 달자!'는 아이디어와 '어떻게 달 것이냐?' 하는 '창조적 실행 방법'은 엉뚱하더라도 창조적인 발상 전환의 사고를 가진 감성적 인재들 없이는 불가능한 일이다.

그 가장 좋은 예가 스마트폰에 관한 모든 기술을 가진 삼성과 창조적 감성을 가진 스티브 잡스의 애플과의 차이 같은 것이란다. 삼성은 모든 기술을 가지고만 있었고, 스티브 잡스의 애플은 그 기술들을 아이폰에 하나로 모으는 발상의 전환으로 스마트폰을 최초로 만든 것이다. 그런 발상 전환의 창조적 감성이 그 당시 삼성에는 없었던 것이지. 아마도 스티브 잡스가 요절하지 않았다면, 삼성은 2인자에서 지금처럼 선두로 나서기가 쉽지 않았으리라 짐작해 본다.

청년　저는 사회의 모든 것과 인생까지도 예술적 심미안과 디자인적 접근이 필요하다고 생각해요. 또 일견 비효율적인 것 같은 감성마케팅이 미래 시대의 선도적 키워드가 될 것이라고 봐요. 스티브 잡스! 정말 멋지고 기인적인 인물인데….

슈퍼이슈를 선점하는 이가
총선·대선에서 승리한다

아빠   첫 번째 주제인 슈퍼이슈에 대해서는, 만일 총선과 대선 경제 공약을 입안할 때, 나 같으면 현 시국의 가장 큰 이슈인 '청년실업과 명퇴실업'을 해결할 '머릿돌 정책'을 세우겠다. 현재 가장 아픔을 겪고 있는 국민들에게 실감나는 경제부흥과 일자리 창출을 위해 '경제순환 민주화'라는 슈퍼이슈를 선점한다면, 20대 총선과 19대 대선 승리는 떼어놓은 당상이 될 텐데 말이다.

그런데 무슨 일인지 지난 18대 대선에서는 그런 큰 이슈를 아무도 내지 못하더구나. 우리 사회와 전세계적인 공통문제인 '청년실업과 명퇴실업'이 해결된다면 경제성장은 물론 서로 맞물려 얽혀 있는 빈부격차, 계층간 갈등, 세대간 갈등, 중산층 몰락, 이익집단의 개혁 저항, 지역농촌 공동화 등 몇 가지 사회불안 요소를 일거에 치유하는 효과를 낼 수 있을 것이다. 또한 세계적인 추세인 '경제멈춤 현상'을 치유하는 '새로운 경제질서의 패러다임'이 열릴 것이고, 미래 통일한국의 밝은 청사진이 저절로 만들어질 수 있다.

그 비결이 '경제순환민주화' 정책인 '신사업 공간운동'으로 청년실업과 명퇴실업을 해결하는 것이다.

청년   아빠, 정부나 정치인들이 아빠의 대안인 '경제순환민주화'와 '신사업 공간운동' 같은 방법을 무시해 버리면 어쩌지요?

아빠   만약 청년실업과 명퇴실업을 해결하는 파격적인 묘책이 나오지 않을 경우 우리나라의 경제위기는 다음과 같은 요인들로 촉발될 수 있다고 전문가들도 예상한다.

첫째, 미국 금리변동의 폭과 속도 및 각국의 금융완화 정책

둘째, 중국을 위시한 세계경제 위축과 글로벌 경제위기

셋째, 경기하락에 따른 세수 결손

첫째, 미국 금리변동, 특히 금리인상은 한국의 주택 부동산 위주의 1,100조가 넘는 가계부채에 서서히 하중을 더하여 결국 하우스 푸어 현상으로 사회불안 요소가 될 수 있다.[19] 또한 엔저 현상이나 마이너스 금리처럼 금융완화 정책의 도미노 현상에 대처할 금융정책을 한국에서 마련하기가 쉽지 않을 것 같다.

둘째, 세계경제무역의 13.2% 비중을 차지한 중국의 경제위축은 우리의 대중對中 무역 비중을 감안하면, 결국 수출부진으로 이어져 소비위축과 고용위축 등 강력한 디플레이션의 늪으로 빠질 수 있단다.[20] 그와 맞물려 세계경제위기가 서서히 일어날 수도 있다고 본다.

셋째, 그것은 결국 세수 감소로 국가재정 적자폭 상승으로 이어져 국가신용도 하락의 수순을 밟게 되는 거란다.[21]

첫째 대안, 미국 금리인상이나 부동산 거품에 따른 하우스 푸어 대책을 위해 현상을 먼저 살펴보자. 우리나라의 약 1,200조 원에 달하는 가계부채는 주택(부동산)을 근거로 한 것이 대부분이다. 특히 나이스평가정보의 통계에 따르면, 2012년~2015년 7월까지 소득수준별 가계부채 증가율이 연소득 4,000만~7,000만 원대가 32.2%이고, 연소득 7,000만 원 이상은 20.8%로 모두 53%의 증가율을 보인다. 반면에 연소득 2,000만~4,000만 원은 6.2%이고 2,000만 원 이하는 5.5%로 미미한 증가율을 보이고 있다.[22]

또한 한국은행 2014년 통계에는 소득 상위계층인 4분위~5분위가 우리나라 가계부채 전체의 약 72%라고 한다.[23] 이 통계자료들은 그래도 살 만한 중산층이 가계부채를 통해 소비지출을 하고 있다는 반증이기도 하다.

그 점에 착안해서 아빠는 주택가격 하락을 지연시켜 연착륙을 하는 대안으로 '녹색환경주택 리모델링' 사업을 권장하는 것이란다. 나중에 신사업 공간운동을 다룰 때 다시 언급하겠지만, 녹색가치 – 녹색문명

– 녹색문화로 이어지는 녹색산업화, 녹색사업화, 녹색생활화를 IT, 통신, 문화에 접목시켜 우리나라가 '녹색 신사업 공간운동'을 선도해 나가야 한다.

청년   아빠, 현재의 감정가나 시세에 대비한 가계대출이 한계점인 주택을 녹색문명의 기술을 접목한 녹색생활 패턴으로 리모델링하여 새로운 산업을 일으키자는 것이죠! 그러면 경기를 부양하면서 주택 자체의 가치를 다시 한 번 높이자는 발상이네요? 대박!

아빠   **둘째 대안**, 세계경제무역의 13.2% 비중을 가진 중국[24]과의 무역비중을 대체할 수 있는 차선책을 찾아야 한다. 그곳은 바로 '틱스(TICKs)'라고 주목받기 시작한 나라들 중 인도라고 생각한다. 〈파이낸셜타임지〉는 지금은 브라질, 러시아가 낀 '브릭스'는 끝났고 세계 젊은층들의 IT, 통신 관련 구매욕구와 구매 패턴의 변화에 특화된 나라인 '대만, 인도, 한국, 중국'을 '틱스'라고 지칭하며 세계가 주목하기 시작했다는 기사를 실었단다.[25]

   아빠는 전세계에서 인터넷이 가장 빠른 초고속망이 전국 어디에나 깔려 있는 한국의 IT 전산망 자체가 개미집 같은 '일체된 프로그램'이자 하나의 상품이라는 생각이 든다. 과거 홍콩이 전세계의 금융허브로 작용한 것처럼, 모든 금융·무역·상거래·신사업 창출·빅데이터 활용 등의 '초고속망 프로그램 허브'로서 작용할 수 있지 않을까 생각해본다. 예를 들어 스마트폰이든, 사물인터넷이든 새로운 전자·통신·

전자상거래 등의 실험 시뮬레이션을 한국에서 하고 있고 한국에서 통하면 전세계에서 통하는 현실이다. 그런 통신 전자망을 새로운 사업 구축의 시스템으로 활용하는 상품인 것이다. 그래서 얼마 전 구글의 알파고와 이세돌 간의 세기의 바둑대결처럼, 우리나라 자체를 '테스트 베드'로 할 수 있지 않겠니?

새마을운동을 플랜트 상품화하자

아빠　새마을운동 역시 개발도상국과 못사는 나라들에 판매할 하나의 시스템 상품이라고 본다. 물론 '녹색 신사업 공간운동'을 접목한다면 선진국에도 필요한 플랜트 수출사업이 될 것이다. 이제는 박정희 전 대통령과 새마을운동을 엮어 정치적으로 보지 말고, 새마을운동 자체를 '하나의 상품'이자 '플랜트 사업'으로 재창조해야 한다. 세계가 부러워하고 엄청난 고용창출을 할 수 있는 이 상품을 우리 정치인들의 소승적인 정치적 이념 때문에 사장시키면서, 일자리가 없다며 꿈을 포기하는 청년실업을 바라보고만 있다.

한국의 각 도에 새마을운동 체험 연수원(명품시골농장)을 설치하여, 전세계에서 청년지도자들과 사람들이 새마을정신과 기법을 배우러 오는 것이 곧 체험연수 수익이고 플랜트 상품 수출이다. 그뿐 아니라 한국의 발전과 정서에 동화되어 돌아가서 그들이 자국에서 성공하여 지한파知韓派 사회지도층이 된다면 그런 기가 막힌 최상의 상품이 어디 또 있겠니? 그런데 이러한 플랜트 상품인 새마을운동을 상품화하려면 정부가 나서면 안 된단다. 여전히 정치적인 잣대를 가진 사람들을 비켜서려면, 먼저 새마을운동본부부터 민간 기업화해야 한다. 새마을운동의 사업화를 위해 뜻있는 기업들이 나서서 시스템을 갖춘다면 충분히 우리 기업들의 '미래 먹거리'로 충분한 수익구조가 나올 것이다.

청년   아빠~ 그렇게 보니 정말 거대한 상품이면서 많은 고용창출과 새로운 신사업공간으로 연결되는 창조적인 상품이네요? 정치적으로만 보니 보물을 가지고 있어도 귀한 줄 모르는 '돼지 목에 진주'가 되어버렸다는 자괴감이 들어요.

　　그리고 경제위기 셋째인 경기하락과 국가신용도 하락은 첫째와 둘째 문제가 해결되면 저절로 해소되는 거지요? 정말 정부와 공기업들이 정신 차리고 절세에 앞장서고 특히 국회는 여야를 떠나서 진정으로 협조하여 이 난관을 헤쳐나갈 각종 경제·민생을 뒷받침할 법안을 적시에 입법통과 해주어야 하겠어요. 정말 국민경제를 위한 법안을 사장시키는 일만 봐도 국민소환제를 해야겠다는 생각이에요. 그리고 아빠, 공기업의 부채는 국가의 채무인가요?

아빠   아니다. 공기업은 정부나 지자체와는 다른 성격의 법인이고 독립채산제로 운영되니까 수익이 발생해도 국고로 귀속시키지 않는단다. 다만 정부가 가진 지분만큼의 주주배당금은 받는다마는 거의

100%에 가까운 투자를 했기 때문에 오히려 적자를 메워 주느라 정신 없는 현실이지. 2012년 기준 정부 공공기관은 288개 정도 된단다. 좀 지난 자료이지만, 2011년도 중앙정부 예산 325조 원 중에서 지자체에 지방교부세, 국고보조금, 교육재정교부금 등으로 약 32%인 105조 원 정도를 지원하고 공기업 정부지원금을 약 7%에 해당하는 22조 6,396억 원이나 지원[26]했다. 이처럼 공기업은 약간의 모럴헤저드만 있어도 국민 세금을 잡아먹는 블랙홀이 될 수도 있다.

　그런데 그렇게 방만하게 경영한 결과를 공공성이 있는 사업체라는 이유로 국민 세금을 낭비해서는 안 되겠지? 심지어는 자기네끼리 A, B, C, D 등급을 세워놓고 모든 등급에 성과급을 정해서 해당 공기업과 공공기관, 시 산하단체 등이 어마무시한(?) 적자를 보았음에도 엄청난 금액의 국민 세금을 보너스로 나누어 먹었더구나.[27]

　그러면서 자기네 밥그릇 작다고 수시로 농성과 집회를 하니 제발 밥그릇 작다고 여기는 공무원과 공기업, 공공기관 직장인들은 다 사표 내고 퇴직했으면 좋겠다. 그래야 청년실업으로 적체된 사람들이 그 자리로 들어가서 더 열심히 국민을 위해 일하지 않겠니? 물론 공무원들이 과거에는 민간기업보다 급여가 어느 정도 적었던 것이 사실이란다. 하지만 반대급부로 가장 '안전한' 직업이라는 프리미엄을 누렸지 않니? 그 가치는 돈으로 환산이 안 되는 장점이지.

　그래서 반드시 여야를 떠나 뛰어난 재정 및 경영 전문가 위원회를 구성해 상시 감시체제를 갖추어서 그들이 가진 권리만큼 책임을 지게 하여 경쟁력 없는 부서는 과감하게 통폐합 구조조정을 해야 한다고 생각한다. 그런 면에서 이번 박근혜 정부에서 시행하는 정부와 공기업, 공공기관의 '부정부패 4대 백신 프로그램'[28]은 아주 멋진 발상의 정책이라고 생각한다.

청년　맞아요, 아빠~ 공기업과 공공기관을 철밥통(?)이라고 하잖아요. 좋은 직장에서 이미 이익집단화되어 약 23조 원이라는 어마어마한 예산을 쓰고 있는데, 어느 곳에서 어떤 행정 기간에서 얼마의 재정이 사용되는지, 생산성 대비 과지출은 없는지 등을 총선과 대선 때의 표를 의식하지 말고 상세히 감시해야 하겠어요. 공기업과 공공기관의 구조조정이 사실 최우선 개혁해야 할 대상이지요.

아빠　그래, 이제는 우리 일반 국민들도 중앙정부 재정과 지방정부 재정, 공기업, 공공기관, 국회정당의 재정에 대해 어느 정도의 정보와 상식에 대한 관심을 가져야 할 때가 되었다고 생각한다.

　그렇지만 과연 어느 정부 어느 대통령이 인기 떨어지는 그 개혁을 할 수 있을까? 아무리 옳은 일이고 정당성 있는 개혁안일지라도 관료들과 공기업 등의 극렬한 저항이 일어날 텐데, 참으로 쉽지 않은 일이란다. 내 밥그릇을 지키면 온 나라가 다 거지가 된다는데도 공무원, 정치인, 공기업, 공공기관, 은행금융, 노조단체, 사회단체 등 '권리기득권층'은 차라리 다 같이 죽을지언정 지금 내 밥그릇은 뺏기지 않겠다는 생각이 가득한 것이 현실이다. '권리기득권층'이 먼저 뼈를 깎지 않으면 일반 국민들이 어찌 사회개혁에 동참하겠니?

청년　아빠~ 그렇다면 복지확대와 경제를 살리기 위한 재원은 어디서, 어떻게 만들지요?

아빠　여야가 마련한 세제 개편안 중에는 불합리한 항목도 있지만, 잘 선별하여 비록 조세저항에 부딪치더라도 우선 실시할 것들은 시도해야 한다. '신사업 공간운동' 같은 대안(당근) 정책을 실시하고 동시에 저항을 최소화하는 사회적 명분을 만들어야 한다는 전제가 있지만 말이다. 여기서 획기적인 대안에 대한 발상의 대전환이 필요하니 아빠가 팁을 하나 줄게.

"정부의 곳간에 없는 돈을 세금으로만 채우려고 무리한 법률 제정을 하거나 부자재벌들에게 반半 강제적으로 취하려 하지 말아야 한다. 이익을 낼 곳이 없어서 적체되어 썩어가고 있는 돈을 스스로 나오게 하여 생산적이면서 명분까지 생기는 국가적 사업에 사용하는 방안을 찾으면 된다. 이것이 고양이 목에 방울을 달자는 1차 아이디어란다."

즉 적은 이자의 변화에도 유동하는 머니마켓펀드MMF의 단기성 자금만도 700조 원 이상이고 각종 연기금부터 기업유보금 약 500조 원까지 돈은 충분히 있단다.[29] 그 돈을 어떻게 가져와서 청년실업도 해결하고 경제를 살릴 것이냐 하는 것이 바로 고양이 목에 '어떻게' 방울을 달 것이냐? 하는 2차 방법론이고, 아빠가 늘 얘기하는 '손뼉자생경제'를 이루는 '경제순환민주화'란다.

청년　맞아요, 아빠~ 돈은 얼마든지 있는 것 같아요. 다만 2~3%의 사람들이 다 가지고 있어서 문제지요.

아빠　너까지도 그런 생각을 가지고 있으니 다른 청년들도 거의 그런 생각을 하고 있을 텐데 걱정이구나. 바로 그런 생각들이 모이고 쌓이게 되면 그것이 사회갈등의 동력이 되고 사회불안 요소가 커지는 동기가 되는 거란다. 그런 청년들이 과거에는 민주주의에 대한 열망으로 정부에 항거했지만, 오늘날은 얼떨결에 고착화되어 버린 부의 편중 현상에 대한 반발심으로 작용해 그 에너지가 부자와 기득권층을 향해 국가 내부분열이 일어날 수도 있단다. 하나로 단단히 뭉쳐도 모자랄 판국에 말이다.

패배의식을 버리자!
대한민국의 자랑스러움을 찾아내자!

아빠　어떤 저명한 학자와 저널리스트는 청년들에게 분노를 쏟아내라고 충동하고 있더라. 한편으로는 옳은 지적이고 '현실구조의 메커니즘'을 안타깝게 여긴 마음이라고 생각한다. 하지만 다른 한편으로 그

방향과 방법이 현명하지 못하다고 생각한다. 청년들의 아픔과 막막함에 분노를 터뜨리라고 부채질할 게 아니라, 어른답게 '현실성 있는 대안'을 이 국가와 사회에 내어놓아야 한다고 생각한다.

자신들은 그나마 사회의 상류층에 있지 않니? 상류층의 위치에서 헐벗은 사람들에게 배불리라, 따뜻하게 하라 말하면서 그에게 소용되는 것을 주지 않으면 무슨 소용이 있겠니? 따뜻한 곳에서 추운 곳에 있는 청년들을 안타깝다며 세상을 바꾸라, 분노하라, 따뜻한 곳으로 가라며 공허한 이론만 외쳐서는 안 된다. 언론에는 날마다 '흙수저와 금수저' 논란이나 '헬조선' 같은 패배적인 용어들이 유행처럼 난무하고 있는데 말이다.

청년　요즘 우리 사회가 SNS 발달로 좋은 점도 많지만 부정적인 점도 많은 것 같아요. 어떤 것들은 너무도 빠른 시간에 확대 재생산되어 국민들, 특히 청년들의 의식을 편협되게 하거나 공격적으로 만들기도 해요. 때로는 '헬조선'이나 '흙수저'같이 스스로를 비하하는 패배성 자조 심리에 갇히게 하는 면도 있는 것 같아요.

아빠　그래, 우리 한국의 청년들에게 '흙수저'니 '헬조선' 같은 패배적인 시류가 생기는 이유는 보다 구조적이고 깊은 병리현상이 사회에 만연해 있기 때문이다. 그것은 결국 세대적 어른들, 기성세대가 책임을 회피할 수 없을 것이다. 인생의 성공과 행복은 사회에서, 직장에서, 남보다 먼저, 남보다 더 위에 올라야 한다는 집단최면이 한국사회 곳

곳에 만연했던 결과이다. 한국의 기성세대는 모든 의식과 행복의 가치 기준을 직장에만 둔 '측은한 세대'란다.

그러나 유럽의 선진국들은 일주일에 4.5일은 직장에서 의미를 찾고, 2.5일은 가족과의 행복을 만드는 삶과 취미동호인들, 삶의 또 다른 친구들과 즐기는 자기만의 시간을 가진단다.[30] 그 결과 직장에서 진급이 느리거나 행복의 가치를 찾지 못하더라도, 물질의 풍족이 없더라도, 그들은 행복과 자긍심을 가지고 여유로운 인생을 산다. 그 이유는 직장에서 얻지 못한 행복감을 2.5일간의 시간과 퇴근 후의 자기 시간에서 만들고 얻어지는 행복감이 너무도 크기 때문이다.

그러나 우리 한국은 어떠니? 직장에서의 집중과 스트레스는 물론 퇴근해서까지 업무와 연장된 미팅, 회식도 모자라 업무를 집에 가져와서도 한다. 주말에도 직장에서의 성공을 위해 대다수가 업무의 연장된 일들을 하고 있단다. 심지어 주말에 골프나 등산, 기타 운동까지도 비즈니스 하러 간다고들 말하지 않니?

이러한 사회적 병폐를 해소하는 길은 기업경영자의 마인드가 가장 먼저 바뀌는 데 있다. 경영자가 직원을 오직 회사 발전의 도구로만 인식하여 '갑질'로 일관한다면 행복하지 않은 전 직원을 거느린 행복하지 않은 기업가가 되는 것이다. 최고경영자가 전 직원의 행복한 인생을 설계할 수 있도록 직장 근무시간 외의 시간을 직원들의 행복한 가치를 실현하는 데 활용하도록 도와야 한다. 그 결과 행복한 직원들을 거느린 행복한 기업은 능률향상은 물론 성공하는 회사가 될 것이다.

청년　맞아요, 아빠. 부모 세대는 시대적인 아픔을 온몸으로 겪다 보니 나도 모르게 물질적 성공만을 추구했으리라 이해가 돼요. 그런 사회분위기가 결국 우리 사회를 물질적 성공, 직장에서의 성공을 추구하게 했고, 그 성공을 위해 학교에서부터 경쟁을 부추겼어요. 이제 기업부터, 기업의 경영자부터 직원의 행복이 결국 경영자의 행복으로 되돌아온다는 것을 깨달아 변화의 선두에 서는 문화가 자리 잡았으면 좋겠어요.

아빠　그렇지. 온 사회가 병들어 가는 줄도 모른 채 오직 학교에서의 경쟁, 직장에서의 경쟁에서 이겨야만 성취감과 행복감을 느낄 것 같은 강박증에 갇힌 국민들이 되어버리고 말았단다. 그래서 학교나 직장의 경쟁에서, 사회의 경쟁에서 지면 모든 것이 끝나버리는 것이지. 경쟁에만 온 힘을 쏟아 부은 결과 아무 행복도 아무런 성취감도 없다는 절망감에 사로잡히고 마는 것이란다. 그 자포자기 사회심리에서 나온 것이 바로 '흙수저'와 '헬조선'이라는 병든 사회현상이라고 아빠는 생각한다.

청년　명쾌하고 심도 있는 사회현실 진단이네요. 오직 물질적 풍요와 성공만을 추구하고, 삶의 정신적 여유에서 오는 행복감과 성취감이 없는 우리 사회였어요. 우리가 전부라고 믿었던 '경쟁'에서 지면 인생 전체가 실패했다는 자괴감에 빠져 모든 걸 포기하는 사회의 병리현상을 짚어주셨어요.

아빠　우리 기성세대는 내 존재를 찾는 시간, 내 가정의 행복 만들기, 나의 즐거운 인생을 위한 취미와 멋진 친구 만들기 같은 이기적(?)인 삶을 가꾸지 못했다. 하지만 너희 젊은 청춘들은 이제라도 부모 세대들이 만들어놓은 이 풍족한 물질문명의 토대 위에 청춘 자신을 위한 '이기적인 삶의 양태'를 창조하기를 바란다. 그 에너지는 '자신감과 자긍심'에서 나온다. 낙담하지 말고, 포기하지 말고, 분노하지도 말고, 도리어 대한민국을 자랑스러워해야 한다. 물론 전제는 기성세대가 청년세대의 도전을 준비할 '기회와 장'을 마련해 주는 것이 절대조건일 것이다.

이른바 삼류 정치로도 경제대국을 이룬 자랑스러운 대한민국!

아빠　몇몇 일부의 헛된 정치인들이나 정치적 학자들, 정치적 지식인들의 불평불만을 귀담아 들을 필요가 없다. 그들이 정권을 잡으면 그들도 기득권 세력이 되어 똑같은 일을 반복할 뿐이란다. 청춘 청년들이 오히려 발상을 바꾸어 우리 민족, 우리 한국의 긍정적인 부분을 더 많이 보길 바란다. 청춘의 전매특허인 도전정신과 긍정의 마인드로 발상을 부정에서 긍정으로 바꾸라고 조언해 주고 싶다.

　외국에서는 우리나라를 얼마나 부러워하는 줄 모른다. GDP 기준 약 38%인 우리나라의 국가채무가 일본(235.8%), 미국(106.6%), 이탈리아(123.4%), 핀란드(51.6%), 덴마크(51.3%), 노르웨이(49.6%)보다도 낮은 국가가 우리나라이다.[31] 거기다 세계 양대 국가신용평가사의 한국 신용등급이 AA-로 긍정적인 평가를 받았단다.[32] 항상 우리보다 앞섰던 일본보다도 국가신용등급이 높다니 기분 좋은 일이지? 그뿐이냐? 세계 9위의 무역규모와 GDP 12위, 조선업 2위, 자동차 생산 5위, 교육수준 1위에 외화보유도 어마어마한 세계경제 10위권의 대단한 나라란다. [33]

　'헬조선'? 무슨 얼토당토 않은 소리냐? 자부심을 가져라, 대한민국은 세계적으로 이미 대단한 나라란다. 도리어 우리 국민들이 무슨 일만 있으면 제풀에 지레 겁을 먹는 것이 오히려 더 큰 문제일 뿐이다. 2002년 월드컵 때 히딩크 감독이 한국에 와서 우리 선수들에게 뭐라고 했니? 한국 선수들의 기술은 탁월하다. 다만 체력이 약하다고 말하자, 축구협회와 전 국민이 뜨악했다. 우리의 의식에는 한국 선수들의 정신력과 체력 하나는 최고인데, 유럽 선수들만큼의 기술이 부족하다고 믿고 있었기 때문이다. 그런데 그 잘못된 인식을 '오대영' 별명을 얻으면서까지 체력훈련에 매진한 결과, 본선에서 진짜 대단한 기술과 체력을 겸비한 붉은 전사들이 월드컵 4강이라는 꿈을 이룬 것이다.

오늘 우리 대한민국의 국민들에게 절대 필요한 것은 바로 이 자신감과 정신적 자긍심이다. 우리 대한민국은 정말로 위대하고 자랑할 만한 나라이다. 지금도 보아라. 가장 중요한 정치가 소위 '삼류 식물국회(?)'인데도 이렇게 훌륭하게 잘 버티며 경제성장을 하고 있지 않니?

청년　하하하~ 맞아요, 아빠. 차라리 국회가 없는 게 우리나라가 더 잘될 거라고 말들 해요.

아빠　미국은 전체 국민들이 우리보다 물질적으로 잘살고 풍족한 줄 아니? 러시아나 중국, 유럽의 강대국들도 실제로 보면 그리 풍족한 삶이 아니란다. 그래도 그들은 작은 것에도 여유롭고 풍요로운 마음으로 살아간단다. 유럽 사람들이 자신감과 자긍심을 가진 이유는 단 하나, 깊은 의식 속에 문화민족이라는 강한 자부심을 가지고 있기 때문이다. 문학의 대문호들과 음악, 미술, 역사적 유물, 그것들을 보존하는 자세 같은 정신적인 것들이 그들에게 자긍심을 주고 있다. 물질적인 것이 부족할지라도, 그 자긍심이 그들을 여유 있고 행복하게 하는 힘이란다.

그런 그들도 한국에 여행 와서 우리가 사는 모습을 보고 나면, 풍요롭고 활기차면서 유구한 전통문화를 가진 한국을 동경하고 놀라는 사람이 대부분이란다.

미국은 그런 유럽에 대해 전통 있는 문화가 없는 것에 따른 열등감 같은 것이 있었다. 그럼에도 미국이 세계 최강의 강대국이 될 수 있었던 이유는 전통 문화는 없지만, 이민자들로 뭉친 나라답게 '화합의 정신'과 '노블레스 오블리주의 배려심'이 자긍심의 원동력이 되었기 때문이다.

미국의 노블레스 오블리주는 우리나라처럼 부자들이 베풀어야 한다는 생각이 아니다. 그들의 노블레스 오블리주는 모든 국민이, 당신보다는 조금 더 나으니 내가 배려해야 한다는 의식이다. 물질보다도 정신이 부유한 의식을 가진 나라란다. 미국인들은 노후에 사람사랑의 실천으로, 우리나라는 물론 여러 나라의 고아 신생아들을 입양해서 노블레스 오블리주의 삶을 사는 것을 인생 지향점으로 삼는 이들이 부지기수란다. 그것을 보고 정말이지 너무도 부끄럽더라. 나는 그렇게 할 수가 없단다. 현재까지는….

청년　아빠, 정말 선진국이 그냥 선진국이 아닌 것 같아요. 그저 돈만 많고 몰상식한 졸부가 아닌 경제적인 면과 정신적인 면이 모두 고차원적 성장을 이뤘다는 걸 느낄 수 있어요.

아빠　그렇구나. 물질 만족은 끝이 없지만 정신 만족은 얼마든지 가능한 것이다. 그 정신적 성숙을 선도해야 할 종교와 교육도 그 빛과 맛을 잃은 지 오래고, 정치는 삼류 소리를 듣고 있으니, 길이 없는 현실이 계층간 갈등을 증폭시키는 것을 느낄 수가 있구나. 그 에너지가 건설적이 아닌 폭력적으로 비화할 수도 있는 시점이라는 얘기이다. 이러한 사회학적인 무서운 진실을 이제라도 기득권을 쥐고 있는 '4개의 이익집단'들이 빨리 깨달아야 한다.

그리고 '노블레스 오블리주' 정신을 실천하는 '경제순환민주화' 정책으로, 사회배려 시스템인 '신사업 공간운동'을 전 국가적으로 실시 구축해야 한다. 그래야 청년들의 그 에너지가 순방향의 건설적이고 생산적인 방향으로 분출되어 성장과 복지가 적절히 어우러지는 국민소득 5만 달러, 7만 달러인 행복국가가 될 수 있다. 또한 노동계가 항상 주장하는 '고용 불평등'과 '임금 불평등'을 해소하자는 사회적 난제 중의 난제까지 해결될 것이다.

청년　유명한 학자들도 못 내어놓는 대안을 아빠가 낼 수 있어요? 경제학 박사공부도 안 하셨는데요?

수요가 공급을 창출한다는 원리의 활용

아빠　옛날 노자, 공자 시대나 고대 그리스 시대에 대학이나 유학 가서 박사학위를 따서 재상이 되고 정치를 한 것은 아니잖니? 중요한 것은 '진정성과 발상의 전환' 그리고 '실천의지'란다. 뭐 복잡하게 피케

티의 "21세기 자본"34)이니 뭐니 할 필요도 없이 아주 간단한 길이 있단다.

아빠가 제안하는 '경제순환민주화'의 하나인 '신사업 공간운동'으로 3~5년간 200만 개 신사업체에 800만 개의 일자리를 새로운 공간에, 새로운 사업군으로 창조하면 재벌 대기업부터 중소기업에 걸쳐 인력난이, 특히 고급 인력난이 심화될 개연성이 있다. 그러면 자연히 노동계가 늘 불평하는 '고용 불평등'과 그로 인한 '임금 불평등'의 문제가 해소될 것이다. 왜냐하면 고용안정과 고임금 제시가 없으면 고급 인력들은 신사업 공간운동에 참여하는 창업을 선호할 가능성이 높다. 이때 기업의 수익 대비 저임금의 기업일지라도 그때는 의식이 바뀌고 고용주와 근로자가 상생하는 길을 찾아 소득배분의 법칙이 변화할 것이다. 그렇게 되면 자연스럽게 고용이 보장되고 고임금으로 변화하리라 예상할 수 있다.

반면, 경쟁력을 잃어가는 기업이나 소규모 중소기업과 열악한 좀비 영세기업들은 고임금을 줄 수 없다며 하소연할 것이다. 그러나 최소한 생계임금과 복지혜택조차 줄 수 없는 열악한 기업이라면, 안타깝지만 차라리 도태되는 것이 낫다. 빚으로 연명하는 좀비기업의 도태는 오히려 한국경제 기초를 강화하기 위한 창조적 파괴 현상이 될 수 있다.

이미 바닥과 한계가 드러나 버린 기존 시장공간, 한정된 경제공간 안에서 한정된 자원으로는 한계에 이른 것이 현실이다. 반드시 새로운 우주공간, 즉 새로운 공간, 새로운 산업군에 의한 새로운 일자리를 창조하지 않으면 우리 경제는 결국 멈추고 말 것이다.

청년　그래요, 아빠~ 국민의 권리와 주권 보호를 위한 정당한 시위는 적극적으로 응원해요. 하지만 '고용 불평등'과 '임금 불평등'을 외치며 재벌이나 기성세대에게 분노한다며, 일반 국민에게까지 피해를 주는 폭력적 시위 문화에는 반대해요.

긍정적이고 건설적인 방향으로 생각을 바꾸어서 '경제순환민주화'와 '신사업 공간운동'으로 일자리만 많이 창조하면 그런 문제는 저절로 해결되지 않겠어요? 대기업이든 중소기업이든 고급인재와 근로자들을 서로 좋은 조건으로 모셔가려 난리가 나겠어요. 명퇴고 뭐고 저절로 정년도 연장될 것 같고. 그걸 못 하는 영세한 좀비기업은 자동 도태될 것이고….

과연 어떻게 일자리를 많이 만들 것이며, 어떤 결과를 예측할 수 있을지 궁금해요.

신사업 공간운동은 고용안정과
고임금의 '경제순환민주화' 비결

아빠　그래. 신사업 공간운동 여파로 기존 대기업과 중소기업 비정규직의 정규직 전환은 물론 고용안정과 고임금 현상으로, 기업 부담이 커질 것이다. 그 대신 사회적 합의로 불법파업이나 연계파업 시 급여

수당 삭감 및 해고 등 벌칙조항의 법률제정이 동반되어야 한다. 그뿐 아니라 생산성 향상을 위한 설비 및 인력조정에 '노조의 경영간섭'을 배제시켜야 한다고 생각한다. 말 그대로 한 기업의 장래를 위해 노동자勞와 고용주社가 동반자이되 '역할의 다름'을 명확히 하여, 경영은 사주가 무한책임을 지고 노동자는 생산에 전념해 건설적 관계를 생성하는 것이다. 노조의 기본권리를 확보하겠다는 것에는 적극적 찬성의 사를 보내지만, 노조가 경영까지 참여하겠다는 것은 상식적이지 않다는 생각이 든다.

아빠가 아는 어느 자동차 설계설비 회사 사장은 유명한 자동차회사의 이사로 근무하다가 몇몇 사람들이 퇴직하여 이 회사를 설립했다. 생산라인의 첨단화, 간소화로 독일 벤츠사로부터 기술을 인정받아 중국에 벤츠 생산공장을 시설한 회사였다. 그들의 설명에 따르면 자신들이 설계한 설비에서 완성차가 나오는 시간이 국내의 모 자동차 생산라인에서 나오는 완성차의 1/10 미만의 수치라고 한다. 그래서 그 모 회사의 생산라인을 바꾸려 했으나 노조의 반대로 말도 꺼낼 수 없었다고 하더라. 아무리 경쟁력을 높일 수 있다 해도 생산인력 감축이 예상되는 일이니 반대했으리라 예상이 되더구나.

지금과 같이 해마다, 사안마다 불법시위, 폭력시위, 연계파업 등으로만 치닫는다면 결국 노사공멸, 사회공멸의 재앙이 도래할 수 있다. 또한 전임 노조위원과 파업 등 '무노동 무임금'의 원칙도 노동법으로 철저히 지켜져야 한다. 신사업 공간운동의 여파로 고용보장과 고임금

상황이 형성될 가능성이 높아지건만, 과거와 현재처럼 수시로 자신들의 '이익'만 지키겠다며 총파업을 강행한다면 결국 기업가는 국내에서의 제조업을 포기하는 일이 일어날 것이다.

그리고 현재 한국의 청년실업과 명퇴실업 인구는 세계적으로도 톱클래스의 고급인력들이란다. 그래서 통일을 대비한다면 '신사업 공간운동'으로 이 고급인력들이 새로운 우주(사업군)를 창조하고, 그에 따른 현재 기업군의 인력 공백을 북한의 국민들이 우선 채용되어 견습과 학습을 통해 서서히 중간층 인력으로 변화할 수 있을 것이다. 개성공단의 예로 보아도 북한 국민들도 손재주와 두뇌가 탁월한 한민족임이 분명하다는 것이 증명되지 않았니?

중국, 러시아 동포들도 장기간 취업비자를 받는 이중국적을 부여하는 것이 통일 후 장기적으로 볼 때 국익에 도움이 된다고 생각한다. 한국에 올 때 큰돈을 브로커에게 지불하지도 않고 한국에서 경제적 부를 얻는다면, 그들은 한국은 물론 중국에서 정·관·재계에 진출하기가 쉬워지고 결국은 우리의 지한파가 되는 것이다.

청년　아빠! 신사업 공간운동과 통일이 적절한 타이밍에 평화적으로 잘 이루어졌으면 좋겠어요. 전세계적으로 선진국 문턱에서 주저앉은 나라들을 보면 누가 정권을 잡든지 간에 많은 국민들이 당장의 유익만을 요구해 국가 미래를 향한 진정성 있는 정치를 하기가 어렵다는 교훈을 우리에게도 주고 있어요. 물론 서민을 위한 진정성이 부족한 정부도 있어왔지만…. 어쨌든 간에 대선주자들도 해결하지 못한 다음과 같은 '한국 5無의 난제'를 해결하고 우리 '7포 세대'에게 희망과 꿈을 줄 수 있는 비책이 과연 성공할 수 있을까요?

 - 슈퍼이슈가 없다.
 - 예산 마련 대책이 없다.
 - 국민을 감동시킬 동기부여 전략이 없다.
 - 금융개혁 정책과 의지가 없다.
 - 과감한 규제철폐 입법 의지가 없다.

아빠   그 비책의 성공은, 비록 작은 아이디어지만 아빠가 생각하고 연구해 본 '손뼉자생경제'를 위해 '경제순환민주화'를 이끌어내는 것이다. 그 힘을 '신사업 공간운동'으로 구현시키면 우리의 청년들이 다시 한번 희망과 꿈을 가질 수 있을 것이다. 그 정책은 국민을 감동시킬 슈퍼이슈인 '경제순환민주화'의 재원 마련 방법은 물론 금융개혁, 청년실업 해결에 빈부갈등, 계층간·세대간 갈등 해소까지 이룰 수 있다. 그 결과 정치학은 물론 경제학·사회학적인 '일석삼조一石三鳥'의 국가개혁과 경제발전이라는 '코리아 한류의 기적'이 일어나리라 확신한다.

'경제순환민주화'와
'신사업 공간운동'

청년　아빠~ 그렇게만 된다면 그건 이 시대의 요술방망이일 거예요.

아빠　공무원이나 직장 다니던 사람들이 퇴직하면서 흔히들 "농사나 지어야겠다. 호프집이나 해야겠다. 장사나 해야겠다."라며 "○○나"라고 쉽게 표현하는 것부터 실패의 그림자가 시작된다고 봐야 한다. "○○나"라고 할 만큼 장사나 개인사업이 쉬운 일이 아니다. 사실 공무원이나 직장생활에서 불평불만은 늘 하지만 어쩌면 그 일들이 가장 쉽고 편하고 안전한 일이라고 나는 생각한다.
　그런데 그들까지 시장으로 나와서 기존의 수많은 사람들과 '한정된 지역' 안에서 '한정된 동일업종'을 부지기수로 창업을 한다. 그 결과는 결국 과열경쟁으로 대다수가 폐업하는 것이다. 이러한 악순환이 일어나고 있는 게 현실이다. 일정한 면적의 구역 안에 동일한 식당과 커피숍 등 같은 업종이 우후죽순 들어 있으니 어떻게 흑자를 내고 경쟁하겠니? 예를 들어 반경 50m 안에 개신교 교회가 23개 있는 곳도 아빠가 직접 세어보면서 발견한 적도 있다. 또한 한 빌딩 안에 커피숍이 10개 있는 곳도 흔히 볼 수 있단다.

청년 아빠, 특히 커피숍과 음식점들 그리고 교회들은 정말 그런 것 같아요. 좁은 공간 안의 유동 인구 대비 동일업종의 난립은 확실히 현재의 사업군이 한계치에 도달했다는 반증이 분명한 것 같아요.

지구 옆 달과 화성에 제2의 지구를 건설하자

아빠 아빠가 통찰한 결론은 이렇단다. 진짜로 화성에 제2의 지구를 만들자는 게 아니고, 경제부흥의 역사에서 폭발적 인구증가에 따라 이미 한계에 다다른 현재의 한정된 사업 종류 안에서 일자리를 만들기는 이제 불가능하다. 더구나 연령별, 세대간 기득권층이 되어버린 장년들이 이익집단화한 노조의 입김으로 정년을 자꾸만 늘리고, 정규직인 자신들은 희생하지 않으면서 비정규직의 정규직을 위한 예산을 요구하고 있지는 않은지 모르겠다. 이런 추세에서는 청년들의 일자리는 더욱 부족할 수밖에 없는 현실구조이다.

이 현상은 선진국으로 갈수록 심화된다. 선진형으로 시스템화된 사회구조는 먹고사는 일자리조차 이미 한정된 구조인데, 정년을 2년 연장하면 고등학생, 대학생이 사회로 나왔을 때 연장된 숫자만큼의 일자리가 없어지는 거다.

몇 년 전 프랑스에서 아직 졸업도 안 한 고등학생들이 거리로 뛰쳐나와 정년 연장하는 기성세대들에게 미래의 자신들의 밥그릇을 빼앗지 말라며 시위한 사건이 그 실제 사례인 것이다.[35] 세계 어느 나라든지 청년들이 꿈을 잃고 무기력해져 버리는 나라는 희망이 없다. 그 나라의 내일은 이미 꺾어진 꽃이 잠시 꽃병에서 피는 것과 같을 뿐이란다.

그래서 경제 일꾼 당사자들(청년실업, 명퇴실업)이 현시대 기존 경제 주축 사업群(산업종류, 사업종류) 외에 새로운 사업群을 자생적으로 재창조하고 정부와 사회, 기업이 시스템으로 지원하는 제도를 연구해 본 거란다. 즉 민간 주축으로 기존 우주공간(사업군) 옆에 새로운 우주공간(사업군)을 창조해서 새로운 산업과 사업, 새로운 일자리를 만들어내는 것이 '신사업 공간운동'이란다. 그 운동을 실행하는 동력과 재원을 지원하는 시스템이 '경제순환민주화' 정책이다. 그 정책의 특징을 '손뼉자생경제'라고 폼 나는(?) 이름을 한 번 붙여본 것이란다.

청년　아하~ 그러니까, 현재의 직업군은 현재의 인구를 먹여살리기에는 이미 포화상태이고 더 이상 일자리를 만들 수 없으니 발전된 문명과 기술, 변화된 사회 문화 트렌드에 특화시키는 새로운 사업, 새로운 직업군을 창조하자는 운동이지요?

손뼉자생경제

경제순환민주화

신사업 공간운동

청년　그래서 대통령이나 정치인들, 경제부처 장관들이 무슨 정책을 써서 일자리를 2만 개 만들었다느니, 10만 개 만들 것이라는 등의 말을 하지만 한정된 산업군(우주) 안에서는 그 숫자 정도의 일자리가 한계라는 말이지요. 청년실업과 명퇴실업은 수백만인데 말이죠.

아빠　바로 그것이 요점이다. 그 당연한 듯한 목표점을 이루기 위해 정부나 기업이 혼자 각종 정책과 연구 성과를 실행한다 해도 항상 실패로 끝나고 만단다.

　그 이유는 첫째, 사회 운용 제도의 뒷받침. 둘째, 당사자인 국민의 자발적 참여. 이 두 가지가 손뼉 치듯 마주치지 않으면 개혁과 성장은 절대 불가능하단다. 이 두 가지를 충족시키는 것이 고양이 목에 방울을 '어떻게' 달 것이냐이고, 그것은 '경제순환민주화'로 '신사업 공간 운동'을 성공시키는 '손뼉자생경제'이다.

　몇 달 전 TV 프로그램을 보니 핀란드가 아빠의 경제정책 아이디어와 흡사한 시스템을 실제 활용하고 있더구나. '스타트업 사우나'라는 창업지원센터에서 각종 정보를 모으고 다양한 사람들을 만나며 정부가 마련한 사업설명박람회에 국내외 투자자들이 찾아와 사업성 검토와 함께 자금투자가 성사되는 선도적 엔젤투자가 이루어지는 시스템인데, 상당한 성과를 내고 있단다.[36] 하지만 핀란드는 인구 약 500만 명의 작은 나라이고 현재도 세계 최고 수준의 사회보장제도를 채택하고 있으며 국민소득 4만 7,000달러의 부국이란다. 핀란드는 인구가

500만밖에 안 되기에 정부가 6년 임기 대통령제로 강력한 지도력을 발휘하는 이점과 함께 국민의 호응을 얻어내고 있다는 점이 우리 상황과 다른 점이다.[37]

우리나라 정부와 정치인들이 자신들이야말로 애국자이고 국민의 봉사자라고 말하면서 입에 달고 사는 '국민을 위하여, 국민의 뜻에 따라…'라는 구호를 외치며 정책안을 입법화하는데도 어찌하여 국민들은 싸늘한 시선과 자포자기 심정으로 무기력에 빠져 있을까? 그 이유는 '고장난명孤掌難鳴', 즉 '한 손으로는 손뼉 소리가 날 수 없다'는 말처럼 정부 정책, 또는 대선주자의 공약이 국민정서와 현실상황에 맞지 않고 동떨어져 있기 때문이다.

아무리 무엇 무엇을 해주겠다고 해도 정작 ① 나에게, 내 가정, 내 자식에게 ② 지금 현재, ③ 실질적인 혜택(이익)이 돌아올 것 같지 않기 때문에 국민적 감동이 일어나지 않는 것이다. 이것이 사람의 기본적 심리이고 이 심리를 선용善用하여 슈퍼이슈로 만드는 것이 '경제순환민주화'와 '신사업 공간운동'이란다.

'손뼉자생경제'의 산경험, 새마을운동

아빠 '손뼉자생경제'의 가장 좋은 실례는 故박정희 전대통령의 새마을운동을 들 수 있다. 6·25전쟁 후 폐허와 가난, 굶주림 속에서

1950년~1960년대 보릿고개를 살아온 아빠의 기억에 생생한 것이 있다. 아빠의 부모 세대들이 무기력에 빠져 담장 밑에 쭈그리고 앉아 하늘만 쳐다보고 있을 때 박 대통령과 정부에서는 미국과 일본 등에서 가져온 원조물자를 배고픈 국민들에게 그냥 나눠주지 않고 생산적인 일을 한 보상으로 내주었다. '사방공사'라고 해서 산에 나무 심기와 논길 뚝방 정비, 마을 진입로 보수, 지붕개량사업, 상·하수도 사업, 국민보건체조 보급 등등 주변을 청결히 하고 국민보건에 기여하고 산림녹화 등의 일을 한 대가로 시멘트, 지붕개량 슬레이트, 농기구, 밀가루 같은 원조물자들을 나눠준 것이다. 집안 가장 한 명이 하루 산에 일하러 가면 밀가루 몇 kg을 받아오니까 엄마도 가고 머리 큰 형과 누나도 가면 하루에 식구들 먹기에 충분한 양의 밀가루를 타 올 수 있었지.

한 마을에서 눈치 빠른 이장이 진입로 사업, 논두렁 직선화 사업 등을 신청하니 관에서 리어카며 시멘트도 주고 푸짐한 쌀밥과 막걸리며 재수 좋으면 군수가 와서 돼지도 한 마리 주어 온 동네에 큰 잔치가 벌어지기도 했단다. 그걸 본 이웃 마을 사람들은 자기네 동네 이장을 추궁하는 거지. 우리는 뭐하냐? 우리도 새마을운동 하자고 말이지. 그렇게 하면서 국민들의 뇌리에는 나라가 시키는 일을 한번 해보자, "일을 하면 먹을 것(이익)이 생긴다."는 당근 작전이 통했던 거란다. 거기다가 일을 함으로써 생기는 자신감과 자존감은 무엇과도 바꿀 수 없는 동력으로 응축되었다. 그 동력 때문에 전 국민적 운동인 '우리도 한 번 잘살아보세'가 손뼉이 마주쳐 이 산과 저 산이 마주쳐 울리듯 전국 방

방곡곡에 메아리쳤던 것이란다.

　근현대 세계 역사에서 세계가 부러워하는 '한강의 기적', 그 어느 나라도 경험하지 못한 그 '산경험'을 가진 우리나라가, 그 생생한 체험과 유산(축적된 데이터)을 어느새 다 잊고 산다. 앞장서서 경제를 이끌어야 할 정치계는 사시적인 단견과 진영논리에 빠져서, 최고의 수출상품인 '새마을운동과 인간 박정희'를 정치적으로만 본다. 그 결과 오늘의 국정운영과 정책입안에 세계가 부러워하는 산경험을 적용할 줄 모르는, 바보 같은 우를 범하고 있는 것이 너무나 안타깝다.

청년　　아빠~ 교과서에 잠깐 나오는 그 보릿고개 시대가 실감이 안 나지만 아빠도 그 시절을 겪었던 사람이네요? '손뼉경제'라는 개념을 그 시대 정부나 지식인들이 연구한 결과라기보다는 그분들의 본능적인 정치적 감각이었고, 물고기 한 마리 그냥 주기보다 잡는 법을 가르치려는 멀리 내다보는 나라 사랑의 애국애민 정신이 본능적으로 구현된 결과가 아니었을까 하는 생각이 들어요.

아빠　　그럴 수 있겠구나. 아빠도 봐라. 얼마나 힘이 세고 건강하냐. 그때 열심히 한 국민보건체조 덕에(?) 못 먹고 영양결핍이었어도 우리 세대들이 제일 건강하고 장수한다고 하잖니? 하하^^

청년　　맞아요, 건장한 청년들도 아빠한테 아직도 팔씨름을 이기지 못하고 있으니 말이에요. 그 당시 분들이 화학합성물로 된 식품첨가물을 안 먹어서 건강하다더니 정말인가 봐요. 근데 아빠가 건강하고 힘이 센 것이 국민보건체조 때문이라는데도 약간은 동의해요. 영양부족인 아이들이 현재의 아이들과는 달리 보건체조와 바깥에서 하는 각종 운동과 놀이문화 덕분에 관절과 신경, 근육들이 이완되고 기혈이 잘 운행되는 양방·한방 효과가 있었다는 견해도 많으니까요.[38]

'신사업 공간운동'으로
청년실업·명퇴실업 해결할 수 있다

아빠　　자~ 앞에서 개념 정리한 '신사업 공간운동'의 구체적 메커니즘을 살펴보자.

'신사업 공간운동'의 개념

1) 현 상황

　전세계가 일자리 창출을 고민하고 한국도 대선 때마다 일자리 창출을 공약하지만, 이미 포화상태인 현재의 사업군事業群 안에서 대량의 새로운 일자리 만들기는 불가능하다.

2) 운동의 방향성

현재 전세계의 3.0버전의 사업군 외에 새로운 버전의 신사업군을 문화 트렌드, 정보통신, 관광, 의료, 신농업, 기후환경 대응, 기초과학의 생활접목, 녹색문명과 녹색문화, 인공지능 등 시대 변천에 따른 키워드를 접목하는 4.0 또는 5.0 버전의 신사업군을 창조해야 한다.

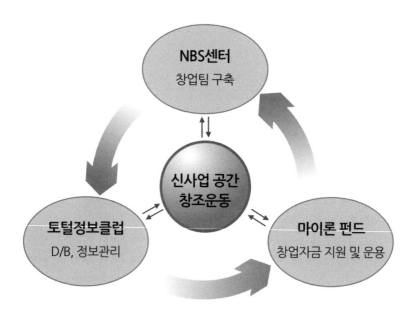

|그림 2| 신사업 공간운동 개념도

3) 운동의 주체

과거나 현재처럼 정부가 주관하거나 앞장서면 실패한다. 반드시 경제 일꾼 당사자들인 '청년·명퇴 실업인'이 '자발적'으로 신사업군을 창조하고 정부, 사회, 기업이 '경제순환민주화' 정책 시스템으로 지원해야만 성공 가능하다.

슈퍼이슈 '경제순환민주화'로 국민적 관심 폭발

4) 운동의 핵심구조

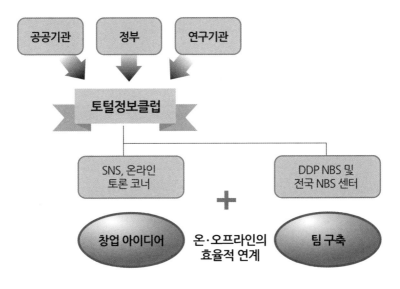

|그림 3| 토털정보클럽의 구조

'신사업 공간운동' 프로젝트의 첫째 축인 'NBS터미널(New Business Space Terminal)'에서 2030과 4050이 자발적 창업팀 활동을 통해 둘째 축인 '토털정보클럽'의 각종 특허, 기술, 사업기획, 인력 등의 정보 데이터를 활용하여 신사업 팀을 직접 구성하고 사업 아이템을 구체화한다.

심사를 통과하면 셋째 축인 NBS기금과 마이론 펀드에서 3년간 또는 5년간 200만 개 신사업체, 800만 개 일자리에 '1억~3억 원의 창업비'를 '무담보 무신용 대출 또는 투자'해 줌으로써 청년실업인과 명퇴실업인에게 '지금 즉시' 거금의 창업비라는 직접적 혜택을 줄 수 있다. 이는 곧 희망과 동기부여라는 '강력한 이슈'를 일으켜 '경제순환민주화'에 의한 '손뼉자생경제' 시스템에 적극적으로 호응하여 손뼉을 마주치게 된다.

아빠 자~ 요약본을 조금 풀어서 발표한 자료인데, 중요 포인트를 한번 잡아보거라.

청년 '신사업 공간운동'의 핵심은 청년실업과 명퇴실업 당사자들의 자발적인 사업 아이템 찾기와 적절한 멤버 구성 노력이 첫째 조건이에요. 마침 박근혜 정부에서 건설한 전국 17개소의 '창조혁신센터'를 'NBS터미널'로 접목 활용하면 될 것이고요. 둘째는 기존의 정부 D/B나 공공기관 D/B, 각 연구소 등의 D/B를 어떻게 호환시킬 것인가인데, 다행히 박근혜 정부에서 강원도에 설립한 '빅데이터 플랫폼'이 그 역할과 기능을 할 수 있을 것 같아요. 거기에 '토털정보클럽'에 국민들의 호기심과 참여를 유도할 거리 또는 접점을 어떻게 접목시킬 것이냐가 의외로 중요한 변수가 되고요.

그리고 셋째로 가장 압권은 역시 '경제순환민주화'로 이룩할 'NBS기금과 마이론 펀드'의 기능에서 나오는 '거금의 창업비'를 지금 '즉시' 무담보 무신용 장기대출 또는 투자 받을 수 있다는 거예요. 이것이 가장 쉽고 강하게 국민들 가슴에 와 닿는 강력한 '슈퍼이슈'이지요. 그 점이 이 운동과 정책이 '전 국민의 폭발적 관심'을 일으키는 성공요소가 될 것 같아요.

아빠　호~ 네가 정말 이 운동의 핵심을 정확하게 관통했구나! 당사자들의 자발적인 창업팀 활동과, NBS기금 및 마이론 펀드의 중요성은 당연한 포인트이지만 '토털정보클럽'에 어떻게 기존 D/B 정보를 호환시키고, 어떻게 남녀노소가 쉽게 접근하고, 또 적극적으로 접근하게 할지를 제시할 당근과 꿀이 필요함을 잘 보았다. 전 국민적 접근성과 관심을 모으기 위해 다음의 시스템을 연계해 주면서 지금의 SNS에서 실시간 전국의 모든 사건 사고들의 내막과 정보가 실시간 중계되는 요즘의 온라인 SNS 현상을 선용해야 한다. 이것이 국민의 적극적 참여방법이란다.

① '토털정보클럽'에 링크를 걸어서 정부기관, 공공기관, 공적연구소 등과 호환한다.
② '토털정보클럽'의 온라인 주제별 토론장 코너에서 전국의 누구나 자신이 직접 온라인상에서 사전에 수많은 상대들과 자유로운 토론과 사업에 관련된 정보교류를 통한 후 'NBS터미널'의 전국센터에서 오프라인 미팅 및 팀을 결성한다.
③ 각종 사회미담, 사회고발, 신문고적 호소 또는 알림, 법률개정안,

사건 사고 등을 SNS와 같이 실시간 가칭 '손뼉카톡뉴스'로 PC와 스마트폰을 연계하는 시스템이다.

청년　아빠! 무슨 얘기인지 알겠어요. '토털정보클럽'이 '빅데이터 플랫폼'처럼 직업을 창조하는 정보 창고일 뿐 아니라 재미와 카타르시스를 느끼는 온갖 사건 사고들에 대한 정보 교류가 가능하다는 얘기죠? 또한 사회의 부정부패 사안 고발, 주변의 안타까운 일들, 가슴 찡한 미담들, 불합리한 법률로 인한 고충, 고쳐야 할 사회의 질서의식, 범죄사건의 고발 등등을 말할 수도 있고요. 게다가 누군가와 토론하고 의견을 나눌 수 있다는 SNS 온라인 공간을 만들어주면 전 국민적 관심과 호응을 얻을 수 있다는 거지요?

지금도 수많은 온라인 카페와 블로그가 있지만 나에게 직접 돈(?)과 직장이 생기는 건설적인 온라인 정보 데이터 사이트는 없었어요. 그 '토털정보클럽' 사이트에 그런 아기자기한 커뮤니티와 블로그 같은 SNS 기능까지 있다면 충분히 관심과 참여가 일어나겠어요.

아빠　그래. 전국의 구석구석에 얼마나 많은 기술과 사업거리, 각종 정보들이 묻혀 있겠니? 그것들이 지금은 사장되어 있지만 다른 사람, 다른 관점을 가진 사람을 만나면 이것저것이 융합되어 훌륭한 사업으로 꽃필 수 있단다. 이건 굉장히 중요한 포인트란다. 관점의 차이, 안목의 차이, 경험과 인맥의 차이가 '신사업 공간운동'이라는 자유로운 시스템 속에서 하나가 될 때 어마어마한 경제활력이 폭발할 것이라 확신한다.

지금 박근혜 정부에서 각고의 노력으로 강원도에 설립한 '빅데이터 플랫폼'의 기능을 그대로 사용할 수 있을 것이다. 이 빅데이터 플랫폼의 부족한 점은 일반인의 접근성이 떨어진다는 점이다. 아마도 국민들은 이 빅데이터 혁신센터를 그리 많이 활용하지 않을 것이라고 본다. 또한 데이터가 많다고 다 좋은 것이 아니라 꼭 필요하고 유용한 데이터가 얼마나 많으냐가 관건이다. 신사업 공간운동은 내가 내 아이디어와 데이터로 직접 사업 파트너를 찾고 결성하여, 신사업 공간운동의 창업비 수억 원을 받을 수 있다는 사실이 커다란 국민적 이슈를 생산해서 '토털정보클럽'과 '빅데이터 플랫폼'이 활성화될 것이다.

청년 정말 그럴 것 같아요. 지금의 '빅데이터 플랫폼'에서는 후속으로 국민들에게 직접적이고 가시적인 어떤 큰 장점이 없고 접근하기도 쉽지 않을 것 같아요.

하지만 '토털정보클럽'은 재미있는 SNS 기능이 있기에 부드럽게 접근해서, 나에게 있는 작은 정보와 기술 또는 사업 아이템을 간략하게 올리면 전국에서 그와 유사하거나 협력할 수 있는 정보와 경험을 가진 사람이 SNS로 호응하게 되지요. 1억~3억 원을 대출해 준다는 '당근'이 이미 제시되어 있기 때문에 국민들이 자발적이고 열성적으로 참여하여 팀을 만들 거예요.

그동안 몰라서 못 하고 눈앞의 아픈 현실만 보고 있어서 앞이 캄캄한 절망에 청년들과 명퇴자들이 울게 되는 거니까요. 어둠의 골짜기에서 절망할 때 누군가와 대화도 하고 그 대화로 인해 현실적인 자금과 직업이 생길 수 있다면 그것이야말로 이 시대에 진정한 '복음'이지요. 생활고와 실업에 목숨을 버리는 안타까운 사람들에게 다시 한번 해보자는 희망의 빛이 될 것 같아요. 정말 재미있고 기대돼요. 어서 빨리 '신사업 공간운동' 3대 축의 세부적인 구조와 역할에 대해 말해 주세요.

아빠 그래, 네 말을 듣고 있으니 온 가족이 생활고에 시달리다가 연탄불을 피우고 죽은 이들이나, 반지하방에서 목숨을 끊은 송파 모녀도 생각나고 말 못 할 이런저런 일들이 생각나 명치끝이 아프구나. 그런 일들 때문에 아빠가 비록 부족한 사람이지만, 우리 대다수가 살아야 할 길, 살려줄 길을 끊임없이 생각하고 또 생각하다 보니 이러한 '신사업 공간운동'을 찾게 된 거란다. 부디 아빠의 빈틈 많은 이 정책 아이디어가 혜안을 가진 지도자나 인재들을 만나서 '훌륭한 이론과 통계'가 접목되고 '실제적 조직'을 구축하여 세상에 구현되었으면 좋겠구나.

청년 아빠~ 반드시 그렇게 될 거라 믿어요. 작은 불씨 하나가 온 산을 다 태우고 나비의 날갯짓이 태풍이 되듯이 우리 7포 세대에 대한 아빠의 진심 어린 애정이 녹아 있는 '신사업 공간운동'이 온 국민들의 공감을 얻을 거예요.

'신사업 공간운동'의 구체적 구조

1) 신사업 공간 터미널(NBS터미널) : 사회공헌적 기업형태

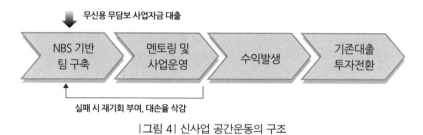

|그림 4| 신사업 공간운동의 구조

① 창업 지원팀, 신사업 심사팀, 신사업체 관리팀이 상주하는 메인 NBS터미널과 각 지방의 NBS터미널을 연계하여 실업청년 2~3명, 명퇴·고령실업 1~2명 또는 외국인 1명, 다문화 국민 1명 등 국적·연령 불문의 조건으로 4~5명의 창업팀을 결성한다.

거기서 3종 실업자들이 제안하는 사업 아이템 및 토털정보클럽 자료를 열람하여 각 창업팀별 자발적인 팀 결성, 창업계획수립, 교육, 훈련, 시장조사 후 신사업을 선정하는 자생적 시스템이다. 전체 프로젝트를 '전문 재단법인' 또는 '사회공헌기업'으로 발족하거나 민간단체 회사에 위탁하여 속도감 있는 시스템을 구축한다. 정부가 직접 운영하면 절차상 느려서 효과가 감소된다(팀원 구성 시 여성, 경력단절여성, 후천 장애인, 새터민, 외국 청년 등이 참여하면 가산점 부가로 대출지원금 상향차등).

동대문 디자인 플라자(DDP) 전경

● 메인 NBS터미널은 동대문 DDP를 활용하는 기획의 일환으로 청계
천 동평화시장 쪽 상가들 중에서 상가 입주민들이 스스로 결정하여
빌딩 전체를 '메인 NBS터미널'로 리모델링한다. 이곳은 전세계 청
년들이 모여들어 '신사업 공간운동'을 펼칠 창업팀 활동과 숙식을
할 수 있는 유료의 연수원인 셈이다.

● 메인 NBS터미널은 주변의 평화시장과 방산시장, 동대문 상권 등의
각종 디자인, 샘플링, 생산, 유통 지원 배후단지를 갖게 되고, DDP
는 NBS터미널에서 성사된 신사업체들의 홍보전시관 및 상품박람
회 등의 실질적 생산성 있는 사업이 연계되어 최대의 경제·사회적
효과를 낸다. 또한 동대문역사문화공원은 관리비만 연 300억씩 소

모하는 1조 원짜리 전시조형물[39)]이라는 오명을 벗고 신사업 공간 운동의 메카로 자리매김한다. 그러면 DDP는 전세계에 서울 브랜드 가치, 코리아 한류 브랜드 가치를 높여주는 랜드마크로 변할 것이다. 동대문역사문화공간의 설계자인 자하 하디드가 별세하는 안타까운 일이 생겼다. 이제 전세계에 그의 작품이 더 이상 창조될 수 없다는 것도 DDP의 가치를 NBS터미널과 함께 각인시켜 줄 것이다.

● NBS터미널의 지방 연계 터미널은 박근혜 대통령의 17개 '창조경제 혁신센터'와 각 지방에 산재한 기존 연수원은 물론 각종 체육경기장 시설의 재활용이 가능하다. 국제적 대회를 유치하면 항상 엄청난 자금이 소요된 경기장 시설의 사후대책이 골칫거리였는데, 경기장에 약간의 구조적 리모델링을 통해 지방 NBS터미널로 활용한다면 수익창출은 물론 예산절감 효과와 지역경제 활성화에 큰 도움이 될 것이다.

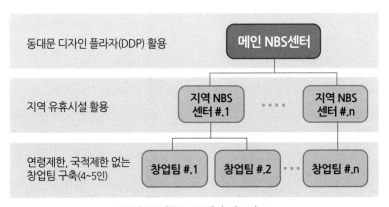

|그림 5| 전국 NBS센터 네트워크

② 공무원, 교수, 직능교수, 경영인, 자원봉사위원, 민간단체위원, 금융종사자, 변호사, 세무회계 종사자, 무역상, 서비스업, 전문농업인 등으로 구성된 사업성 심사위원팀을 복수로 구축하고 팀별 순환 심사로 부정을 예방한다.

③ 심사 탈락팀은 2~3차 재교육훈련 후 또는 자발적으로 다른 인원과 팀 재구성도 가능하다.

④ 합격팀은 1억~3억 원을 NBS기금 또는 마이론 펀드에서 대출 받거나 투자 지원 받는다.

⑤ 사업 팀원 개별 추가투자가 가능하며, 그에 따른 지분수익 분배는 자율로 한다. 사업팀 간 사업별 합작과 외곽의 대기업·중소기업이 자신들 관련 사업에 대한 '기업 유보금 출연제도'로 자금 지원 및 신사업팀을 전위사업체로 용역 계약이 가능하도록 하면 신사업의 확장·발전의 기회와 속도를 향상시킬 수 있다. 또한 현재의 벤처기업 실패의 전철을 밟지 않고 실패율을 현저히 줄이는 대안이 될 것이다.

그 결과 대기업, 중소기업, 자영업이 자발적으로 '신사업 공간운동'의 사업 아이템에 협력하는 '상생 경제 네트워크'로 발전할 수 있다.

청년 아빠~ 지금 정부의 창조경제에서도 창업 멘토링을 받고 채택되면 정부지원금을 받는 시스템이 있는데, 자금 지원을 받아 창업했다는 사람들 보기가 아주 드물어요. 그리고 정부 예산이 너무 적은 것 같고 정부 돈 받기란 하늘의 별따기라는 인식이 있어요. 그리고 실제 사업성보다는 소위 서류를 잘 꾸미는 지원금 사냥꾼들(?)이 정부 돈은 다 받는다는 확인 안 된 루머들이 떠돌아다녀요.

그런데 아빠의 '신사업 공간운동'에서는 사업의 참신성과 미래성, 새 트렌드 접목형 사업 등이면 NBS기금에서 무담보·무신용으로 아주 쉽게 거금의 자금 지원을 해주고, 그것도 정부 주도가 아닌 민간금융이라는 것이 작아 보여도 엄청난 차이인 것 같아요. 펀드형 민간금융이기 때문에 국제협약 상으로도 시시비비가 생기지 않을 수 있고요.

아빠   그래, 서류 잘 갖추어야 대출해 주는 것이 '완벽한 서류의 함정'이라는 법칙이다. 아빠도 무역을 하면서 비교해 봤다만 외국의 경우 수출 건을 따서 금융 L/C를 받으면 상품을 수출하는 데 드는 비용과 운영자금을 그 회사의 기술과 금융 L/C를 믿고 대출을 해주는 공격적인 금융시스템이란다.

하지만 우리나라 금융은 수출 L/C를 받아도 그 금액에 준하는 담보물을 설정해야 하고 대표이사 보증에 신용도까지 요구하기 때문에 아예 수출은 불가능한 일이지. 그런 담보와 좋은 신용이 있으면 당당하게 대출 받아서 상품을 제조하면 되지, L/C는 왜 받고 이중 삼중의 보증은 왜 서겠냐?

그러면 할 수 없이 회사 오너는 담보물을 가진 사람과 비밀거래를 해서 담보제공을 받는다. 그러면 담보주에게 대출금의 몇 십 %를 주어야 하겠지? 그러고 나면 남는 돈에서 이런저런 이자와 수수료를 떼고 나면 정작 수출 물량을 제작할 예산이 부족해지고 다시 자금 압박을 받게 된다. 그래서 결국 선적도 제대로 못 한 채 클레임 걸리고 회사는 부도 나는 경우가 부지기수란다.

그래도 은행은 담보가 있으니 회사 자산과 담보를 처분해서 리스크를 줄이지만, 부도 난 오너는 신용불량자가 되어 재기에 치명타를 입고 그동안의 경험과 인맥, 기술 같은 소중하고 엄청난 가치가 사장되고 만단다. 이것이 우리의 현실이다.

정말 좋고 확실한 사업과 생산성 있는 수익거리가 있지만, 약간의 자금이 없어 무산되고 마는 것들의 1/100이나 1/1,000만 되살려도 한국경제는 탄탄대로가 될 텐데 말이다. 신용보증기금이나 기술보증기금을 찾아가도 결국은 회사 대표이사의 신용도가 부족하거나 담보가 없으면 아무리 좋은 기술과 수출물량을 가져와도 대출은 거의 불가능하단다.

그 회사의 대표나 기술자는 그 위치까지 기술개발을 위해 많은 자금과 노력, 시간을 들이는 동안 만신창이가 되고 신용불량자가 되고서야 완성단계에 도달하는 일이 흔하디흔하다. 그런데 정부 어느 부처, 어느 금융에서도 그런 회사에 자금을 주지도, 줄 수도 없는 시스템이자 체계가 우리의 현주소란다.

신사업 공간운동은 대·중소기업 상생의 활로

그러나 '신사업 공간운동'에서는 기술과 사업성만 좋으면 자금을 대출해 주고 나중에 '수익 발생이 안정화' 되면 '대출을 투자로 전환' 해줄 수 있는 프로그램이다. 또한 그 프로그램에 따라 대기업, 중소기업, 자영업이 자발적으로 '신사업 공간운동'의 사업 아이템에 협력하는 '상생 경제 네트워크'로 발전할 것이다. 현재도 중견, 대기업들은 자신들 회사의 몸집을 키우는 고용증가를 지양하면서 아웃소싱 형태를 즐겨 하고 있다. 그래서 더 자연스럽게 신사업체와의 '새로운 수익거리'에 대한 사업 파트너 협력을 강구하게 된다.

이 현상이 활성화되면 지금 사회에 말썽이 되고 있는 대기업의 골목상권 침투를 선방향으로 유도할 수 있다. '골목상권 진출'은 대기업의 수익거리 부족 현상에서 오는 '부정적 방향의 본능'이란다. 신사업 공간운동으로 생성된 신사업군들은 대기업의 '긍정적 방향의 본능'을 선도하여 대기업과 신사업체의 신사업군 합작, 수익 도모 확대로 눈을 돌리게 된다. 그러면 자연스럽게 구舊사업인 골목상권 보호가 이루어 지게 될 것이다. 이때 정부가 대기업과 중소기업 '결제 시스템의 현금화' 법제화, '소상공업 분류 지정'하여 영세업종과 신사업 공간운동의 신사업종 '직접 진출불가' 조치 법제화 등의 사회적 약자 보호 시스템이 필요하겠지?

청년　아빠, 자유시장경제 체제에서 대기업의 골목상권 진출은 자연스러운 일이기도 하지만, 노블레스 오블리주 정신이 필요한 사회갈등 시점인 것 같아요. 그리고 사회적 약자 보호 시스템이 꼭 필요한 만큼 동시에 골목상권이라고 대변되는 재래시장이나 동네 여러 자영업자들도 인식 변화가 필요하다고 생각해요. 좀더 깨끗한 시설과 인테리어, 안전한 먹거리와 상품들, 서비스 방법 개선, 좁은 지역 내의 과밀한 경쟁창업 지양, 결제 시스템 구축, 감성문화를 접목한 퍼포먼스와 축제 개발 등 자체적으로 개선 노력이 절대 필요해요.

아빠   그래, 네 말이 절대적으로 옳구나. 스스로 노력하고 변화하지 않는 사람에게는 하늘도 돕지 않는다는데 하물며 사람과 사람이 만든 제도는 말해 무엇 하겠니? 자~ 다시 'NBS터미널'의 신사업 심사팀의 기능에 대해서 마저 얘기해 보자.

⑥ 신사업체 1회 사업실패 팀원은 타 사업팀에 재합류할 때 실패에 따른 마이론 펀드 시스템에 따라 해당 사업팀은 마이론 손실률에 의해 창업비를 삭감받게 된다. 2회 실패 시 레드카드로 모럴해저드(도덕적 해이)의 예방 효과, 추후 적자생존의 이합집산, 폐업, 재창업이 자생적으로 발생하며 시장경제 논리의 큰 틀에서 신사업체의 흥망성쇠가 결정될 것이다.

● 신사업체 실패 리스크에 대한 보정대책은 정부의 각종 기금과 '마이론 펀드' 대손율(20%)로 상당부분 처리 가능하다.

⑦ 신사업 1개 창업 시 그 사업과 연관되는 소규모 지원사업체가 신사업으로 또다시 자생적 생성·발전하는 핵분열식 고용 및 창업 시너지 효과가 일어난다.

⑧ 한류, K-Pop 활용한 전세계 청년들의 방한기회 유도로 인맥, 기술, 사업 정보, 특허 등을 확보한다. 또한 외국 청년들이 신사업 멤버로 참여할 수 있는 제도를 구축하여 '신사업 공간운동'에 참여시켜 글로벌화한다. 그 결과 신사업체의 상품과 사업이 쉽게 세계로 진출하고, 연수관광 수익창출 및 '신사업 공간운동'의 수출로 한국 이미지의 세계적 홍보로 국가 브랜드 가치 상승의 효과가 일어난다.

NBS터미널의 기능 중에서 '신사업체 관리팀'은 센터에서 창업팀 활동이 끝나 창업한 신사업체의 활동과 성패유무 등을 체크하고 데이터화한다. 성공 사례 발굴과 실패 사례 및 실패 팀원의 옐로, 레드카드 관리 등의 업무를 관장한단다.

청년   아빠, 이렇게만 된다면 대단한 경제기적이 일어나겠어요. 옛 속담에 "곳간에서 인심 난다"는 말처럼 새로운 수익거리가 발굴·창조되어 넘쳐나면 지금처럼 각박해진 사회, 정치, 외교 여러 분야에서 화해와 이해의 꽃이 피어날 거라는 확신이 들어요.

2) 토털정보클럽

① 박근혜 정부의 창조경제혁신센터와 빅데이터 플랫폼은 네이버와 함께 데이터의 호환과 각종 아이디어, 기술, 창업검색 시스템 등을 유·무료로 사용하는 등 아주 훌륭한 시스템을 갖추었다고 평가할 만하단다. 하지만 사람은 자기 머릿속에 있는 각종 아이디어와 기술, 사

업정보를 공개적으로 내어놓기를 꺼린다는 점을 간과하면 안 된다. 그리고 일반 청년실업자와 명퇴실업자들의 접근이 쉽지 않다는 점이 가장 주의해야 할 사항이다.

　또한 창조경제 혁신센터와 빅데이터 플랫폼에서 창업이 확정되었다 해도 정부지원금은 너무나 적고 투자유치 프로그램에 따른 엔젤투자 연결 정도의 미약한 한계를 안고 있다.[40] 다른 나라의 경우 핀란드의 스타트업 사우나, 영국의 테크스타트 시드 캠프, 미국의 500 스타트업, 호주의 스타트메이트, 일본의 오픈 네트워크 랩 등등 모두가 훌륭한 벤처 성공신화를 거울 삼아 창업을 결성 촉진하는 시스템이다. 하지만 하나같이 가장 중요한 '창업자금'은 '엔젤투자와 투자 컨퍼런스'를 통한 조달 방법을 전세계가 공통적으로 적용하고 있다.

　그러나 '토털정보클럽'은 전국 NBS터미널 시설 내에 설치한 신사업 공간운동 클럽이다. 누구나 온라인을 통해 전국 어디에서나 1차 온라인 미팅으로 직접 소통할 수 있는 '온라인 대화코너'를 가진 '토털정보클럽'에 전 국민이 직접 스스로 각종 사업 아이템, 특허, 기술 등을 검색·등재·토론하여 '자신이 직접 사업 파트너를 찾는다'는 점이 다르다.

스타트업
사우나
(핀란드)

테크스타트
시드 캠프
(영국)

500
스타트업
(미국)

세계 주요국
창업지원시스템

스타트메이트
(호주)

오픈 네트워크 랩
(일본)

사업팀을 결성하면 수억 원의
창업자금을 즉시 받는다

특히 국민 스스로가 사업 아이템과 파트너를 찾아 결성하면 수억 원의 창업자금을 즉시 받을 수 있다는 점이 외국의 스타트업 운동과의 근원적 차이란다. 이에 더하여 재미를 느껴 스스로 참여할 수 있도록 하는 아이템으로 '토털정보클럽'을 통해 국가발전에 대한 아이디어 제안, 모순된 법률개정안, 각종 사회미담, 사회고발, 신문고를 통한 호소 또는 알림, 입법부, 행정부, 사법부 및 대·중소기업 부정부패 감시 고발, 사건 사고 등을 지금의 SNS에 올리듯 실시간 가칭 '손뼉카톡뉴스'로 PC와 스마트폰을 연계하는 시스템이다.

② '토털정보클럽'에 링크하여 정부기관, 공공기관, 공공연구소 등과 호환, 온라인 카페 방에서 누구나 사전에 1차로 자유로운 토론과 정보 교류를 통한 후 2차로 'NBS터미널' 전국 센터망에서 오프라인 창업팀 미팅 및 결성을 한다.

③ 전세계 국가에 분포된 한국의 독보적인 '선교사들의 사업정보'와 인맥, KOICA 정보 자료들의 수집, 분류, 저장, 활용하는 것도 신사업을 찾아내는 신사업 공간운동을 세계적 범위에서 펼칠 커다란 정보 자원이 될 것이다.

④ IT, BT, CT, GT(Information-Technology, Bio-T., Culture-T., Green-T.)의 모든 기술과 아이템, 전통문화, 예술, 신농업, 통신, 유통,

관광, 서비스업을 스마트 융합시켜 사업화·상품화할 수 있을 것이다. 정부 주도형을 지양하고 민간 실업 당사자들의 자발적 운동으로 시작하고 확장해야 성공할 수 있다.

⑤ 청년층의 가세는 결국 서비스 산업이 주체가 되는 IT, 통신, 신농업, 한류문화, 의료관광, 미래형 과학접목사업 육성 방향으로 신사업군이 발전함으로써 충분한 선진국형 경제영역 신사업 공간이 새롭게 생성될 것이다.

청년 아빠! '토털정보클럽'의 첫 번째 장점은, 희망도 꿈도 희미해져서 절망할 수밖에 없는 우리 청년들과 명퇴자들이 아주 쉬운 SNS로 누군가와 대화도 하고, 현실적인 자금과 직업이 당장 생길 수도 있는 희망의 창구라는 점이에요.

둘째는 살아가는 희로애락의 이야기를 누구나 가칭 '손뼉카톡뉴스'를 검색하고 올릴 수 있는 재미와 동기를 주는 '토털정보클럽'의 기능이에요. 이것은 일견 딱딱하여 일반인들이 접근하기가 어려울 수도 있는 빅데이터 플랫폼의 단점을 보완한 '토털정보클럽' 활성화 작전이 탁견이라는 점이에요.

아빠 자~ 이제 '신사업 공간운동'의 3대 축의 마지막 축이자 가장 중요한 재원마련을 살펴보자. 작금의 어려운 경제상황을 안고 있는 '경제정책'들을 대체할 '경제순환민주화'의 백미白眉인 'NBS기금과 마이론 펀드'에 대해 살펴보자.

3) NBS기금과 마이론 펀드(My Loan Fund) 시스템

① 신사업체 1개당 소요예산(5년 또는 3년 계획)

＊ 평균 1.5억 원×200만 개= 300조 원÷5년= 60조 원/년의 펀드자금이 소요되며, 정부 예산 50% 연간 30조 원, NBS기금 50% 연간 30조 원을 펀딩한다.

＊ 평균 1.5억 원×200만 개= 300조 원÷3년= 100조 원/년의 펀드자금이 소요되며, 정부 예산 50% 연간 50조 원, NBS기금 50% 연간 50조 원을 펀딩한다.

＊ 평균 2억 원×200만 개= 400조 원÷5년= 80조 원/년의 펀드자금이 소요되며, 정부 예산 50% 연간 40조 원, NBS기금 50% 연간 40조 원 펀딩한다.

＊ 정부 예산 40% : NBS기금 60% 비율도 가능함.

정부 NBS채권 원금보증 국채발행에 따른 국가채무 비율 상승과 재정건전성 악화에 대한 대책

＊ 200만 개 신규 사업체의 각종 신규 세수창출로 재정건전성 향상 효과 가능

법인세 : 200만 개(법인 수)×소득

갑근세 : 800만 명×소득

소득세 : 800만 명×소득

부가세 : 10%×소득

교육세 : 800만 명×소득

주민세 : 800만 명×소득

4대 보험 : 800만 명×소득

● 현재 한국의 국가부채는 GDP 기준 약 38~40%[41]밖에 안 되므로 NBS채권 원금보증 국채발행에 따른 국가부채 상승은 경제 각 분야에서 신사업 공간운동으로 창조되는 경제 모멘텀의 '생산성 향상 및 자생경제기반 확충'의 기대치로 인해 국가신용도에 절대 부정적이지 않을 것이다.

● 한국경제는 유럽이나 중국의 경제하락과 미국 금리인상 및 일본의 엔저 금융완화 정책에 더 취약한 구조이다. 그러나 신사업 공간운동으로 창조된 '새로운 경제기반'은 그런 외적인 불안요소의 직접 타격권역에서 벗어나는 효과까지 생길 것이다. 이것은 국가재정상 굉장히 중요한 효과로 부각되리라 확신한다.

● 무디스가 발표한 자료에 보면 남북한 통일 시 한국의 국가신용 등급이 많이 하락할 것으로 전망하고 있다.[42] 한국 남북통일 비용에 대해 한국재정학회는 10년간 매년 한국GDP의 1.3~6.6%가 소요예상되고, 국회 예산정책처는 45년간 평균 GDP의 3.9%가 소요예상된다는 자료를 토대로 했다.
또한 국회 예산정책처는 통일이 되면 국가부채가 한국GDP 대비 135%로 급등할 것으로 예상했다.[43] 하지만 현재 이탈리아 123%, 미국 106.6%, 일본 235.8%[44]를 기준으로 보면 통일 후 일어날 각종 개발사업의 경제효과 대비 그리 높은 것도 아니라고 생각한다.

가장 결정적인 것은 다른 나라들과 달리 한국은 '경제순환민주화'에 의한 '신사업 공간운동'을 성공시킨다는 전제로 '신사업군 200만 개의 사업체 창조'로 탄탄한 경제동력을 새롭게 구축했기 때문이다. 이것은 강력한 경제성장률을 가져올 것이고 지금과 같이 세계경제의 부침에 너무도 취약한 한국경제(주식, 채권, 환율)의 근본적인 체질강화로 세계 경제대국의 중심에 서게 되리라 확신한다.

화합의 '경제순환민주화' 실현

② NBS기금의 재원 마련 방안

|그림 6| NBS기금 조성 시스템

Ⓐ '증여상속재산 사회공헌기금(NBSF) 활용제도'의 공론, 공청회 및 법제화

– 현행 법률 하에서 증여 · 상속세의 고차원적 탈루, 탈세로 세수확보가 미비한 현실에서,[45] 차라리 증여재산의 일시납부 또는 분할납부

로 사회공헌기금 활용 전환을 유도한다.

- 줄어드는 증여 · 상속세 세수는 신사업체 200만 개의 법인세와 소득세, 갑근세, 4대 보험 등 막대한 세원 · 세수 증가로 정부 재정건전성이 오히려 높아진다.

- '부자세 도입'이나 일부 정치권에서 주장하는 '경제민주화' 제도의 일부 급진적 개념처럼 비민주주적이고 자유시장경제 체제에 반하는 '사회주의적 강제성'은 후일 더 큰 사회적 갈등과 부작용을 야기할 것이다. 특히 그런 개념의 '경제민주화'는 대기업의 분해와 위축 및 반발로 결국은 중소기업까지 위축되는 연쇄반응이 예상된다. 그 결과 한국경제가 세계 경쟁력을 상실하고 기업가정신을 범죄시하는 사회분열 현상이 우려된다.

- 조세재정연구원에 따르면(2012년 4월) 우리나라 소득 상위 1%가 버는 소득이 전체의 16.6%를 차지했다.[46] '10억~30억 원 40%, 30억 이상 50%의 증여상속세'의 부자가 자발적으로 NBS기금에 증여자의 사망 전에 한해 증여상속 재산의 일정액을 합의된 일정 기간(4~5년) 대여하면 다음과 같은 효과가 발생한다.
• 증여상속 자금의 즉시 현금화가 쉽지 않다면 그 대책으로 분할대여, NBS기금 및 마이론 펀드, 연 · 기금 등에서 장기대출(NBS기금 기간)로 대납할 수 있도록 한다.

- 증여상속 시 1대 자녀를 넘어 손자(증손자)대에 하면 NBS기금에 대여기간을 1대 4~5년에서 2대 이상 8년으로 한다.

  a. 대여한 재산만큼의 증여 · 상속세가 '10억~30억 미만은 40%에서 10~15%로' 하고, '30억 이상은 50%에서 15~20%로' 감세되고(사회적 합의 필요) 그 재산은 대여 후 결국 피증여상속자에게 가는 유익을 보게 된다. 부자의 적체된 자금이 청년실업자와 명퇴실업자에게, 다시 한번 재도전의 기회를 제공하는 '노블레스 오블리주'를 실천하는 풍토가 사회에 확산된다. 이것이 '경제순환민주화'의 정신이다.

  b. 정부는 실업구제 자금 및 경기부양 자금 부담 감소로 재정의 건전성을 확보할 수 있다.

  c. 국민들은 부(富)가 편중되어 회전되지 않던 자금을 대출 또는 투자받아 일자리 창업과 재도전의 기회를 얻게 되니 '민주적인 부(富)의 재분배 효과'가 있다. 부자나 재벌은 사회적인 존경을 받으면서 자발적으로 자금을 지원함으로써 사회갈등 요인인 경제 불평등과 양극화로 인한 계층간 대립과 사회분열의 원인을 일소하게 된다. 특히 요즘 '금수저와 흙수저'나 '헬조선' 같은 자조 섞인 7포 세대에게 성공을 향한 도전의 기회를 전국적 · 전면적으로 제공하게 된다. 이것이야말로 진정한 '화합의 경제순환민주화'가 될 것이다(정부 NBS채권 원금보증).

- 그 외 국제경쟁의 선두주자인 대기업의 전진속도를 늦출 것이 아니

라 NBS기금 및 마이론 펀드를 활용하면, 기존 중소기업과 신사업체들의 체질과 경쟁력을 키우게 되어 경쟁력 있는 대표 중견기업을 더 많이 육성하는 정책도 겸하여 실행할 수 있는 재원이 확보된다.

⑧ '기업유보금 출연 제도': 한국은행 발표 자료에 따르면 2015년 기업유보금이 590조 원이 넘는다고 한다.[47] 이러한 기업유보금을 일정기간(1~3년) 출연하는 금액에 대한 법인세를 기간에 따라 대폭삭감해 주는 제도의 법제화法制化가 필요하다.

- 기업유보금 출연 기업은 설립된 신사업체의 사업기술, 분야, 아이템 등의 정보를 우선 열람 선별 특권이 주어지고, 해당기업의 사업 분야에 적합한 신사업체와 제휴, 투자 확대, 사업부 편입 등을 할 수 있도록 한다.

- 기업유보금 출연 기업은 사내에 직접 사업부 신설로 인력과 자금 투입을 하지 않고도 동일한 효과를 얻고, 새로운 사업 분야나 글로벌한 전위 사업체를 유기적으로 연계할 수 있다.

- 이 제도는 기존 기업과 신사업체의 자금 유대로 인한 정보, 자금, 인적 교류로 신사업체는 과거 벤처와 달리 실패율을 현저히 감소하는 효과가 있다.

- 기업의 NBS기금 출연금의 원금 보장의 안정성을 확보할 수 있다(정부 NBS채권 보증).

ⓒ 정부지원금
- 중앙정부 예산 & 정부 NBS채권 보증
- 예산절감 포인트 제도로 예산 확충안 법제화
- 정부, 지자체, 공기업의 예산 절감 시 절감액을 포인트로 주고 절감액을 다음해 예산에서 삭감하지 않고 계속 2~4년 적립 후 지역경제, 환경을 위한 신중한 사업 추진 시 포인트만큼 추가 예산을 한 번에 지원하면 비축되는 예산으로 중앙정부의 NBS기금으로 활용 집행이 가능해진다.

ex) 지자체의 연말 각종공사 시행 및 각종 예산 소비행태는 다음해 예산편성의 삭감을 예방하기 위한 고육책의 예산낭비 구조이다.

- 각종 실업예산, 재교육 관련 지원금의 일부 NBS기금 전환
- 현재의 실업지원 관련 예산을 의타심이 생기는 임시지원보다는 자생적 협력 시스템인 신사업 공간운동에 투자해 실업자 및 저소득층의 자발적 경제력 회생유도 정책비 예산으로 단계별·점진적 전환되어야 한다.

ⓓ 연·기금의 일정액 마이론 펀드 유치 : 일정부분 안전한 고수익을 보장한다. 연·기금을 어떤 정당이나 정부라도 공공성을 이유로 사

용하여는 등 자신들의 인기영합을 위한 전용을 금해야 한다. 연·기금은 반드시 '투자로 전환'하여 '안전한 수익'을 올려야 하는 기금인 것이다.

ⓔ 공적자금을 풀어 기업을 지원하는 양적완화는 정부와 국책은행에 크나큰 부담을 주게된다. 그러나, 신사업공간운동의 재원은 경제순환민주화에 의한 NBS사회공헌 기금이라는 민간자금이 투입되므로 양적완화에 대한 부작용이 없는 획기적인 방법이다.

③ 마이론 펀드(My Loan Fund) 시스템

- 시중의 700조 원대 MMF 자금[48]이 자발적으로 마이론 펀드 대출용 기금으로 대량 유입이 가능한 새로운 금융 시스템이다.
- 마이론 펀드 : 소비자인 예금자가 사업 아이템 및 예금상품을 선정해 직접 론을 하고 기존은행 금리보다 높은 '이자수익 권리'를 가짐과 동시에 '손해도 직접 갖는' 시스템이다. 즉 예금자가 권리와 책임을 동시에 갖는 세계 최초의 혁신적 금융 시스템으로서 기존 은행 및 펀드운용사는 수수료만 취득한다.

이자 수익이 높은 NBS기금이나 중소기업, 신사업체 대출 등에 자본이 흘러 '경제 주축세력의 저변 확충' 효과가 발생한다. 손해에 대한 보상은 마이론 펀드 시스템으로 20% 손실보전이 가능하며, 정부 예산으로 20% 정도 보전한다면 신사업체 5개 중 2개가 실패해도 보전이 된다. 그러나 '신사업 공간운동'은 과거 벤처의 폐쇄성, 독자생존성에 따른 실패율 60% 이상의 단점을 극복한 시스템이므로 신사업체 실패율은 20~30% 내외로 추산한다.

④ '경제순환민주화'에 의한 '신사업 공간운동'을 발표하며 공간운동의 **목적과 방향에 동의한다**면 여야를 불문하고 이론연구와 실행에 도움을 줄 학자와 여야 정치인, 재정 전문가, 법조인, 사회학자, 경제학자 등 사회 각계각층의 전문인들을 수용 참여시키겠다는 발표를 동시에 하여 전 국민적 동의와 관심을 유도한다. 또한 신사업 공간운동의 3대 축 중에 'NBS터미널'은 사회공헌기업 형태로 하고 'NBS기금'은 정부 산하 기관과 시중 금융사가 맡는다. '토털정보클럽'은 정부가 시스템을 지원하고 운영은 반드시 사회공헌기업이 하여 '신사업 공간운동'의 속도와 경쟁력을 향상시킨다.

고양이 목에 '어떻게' 방울을 달 것인가

아빠 자~ 어떠냐? 역시 모든 정책 성공의 원동력은 예산이다. 자금이 있어야 정책과 조직이 구현되는 것은 수억 원대의 고급 자동차가 있어도 휘발유가 없으면 기능을 상실하고 눈요깃거리밖에 안 되는 것과 같단다. '경제순환민주화' 원리에서 나온 NBS기금과 마이론 펀드 시스템은 고양이 목에 방울을 '어떻게' 달 것인가에 대한 아빠의 숨겨

놓은 히든카드란다.

청년　우아~ 역시 대단한 아이디어예요. 부자, 재벌의 적체된 자금을 순리로 풀려 나오게 하는 방법이에요. '증여상속세 사회공헌 기금'만큼 경제순환민주화를 완성할 수 있는 방법이 있을 것 같지 않아요. 솔직히 내가 부자나 재벌이라도 증여·상속세를 전 재산의 반 가까이 내라고 하면 쉽지 않을 것 같아요. 돈도 돈이지만 그 세금을 내려면 현재의 회사나 자산을 이루고 있는 구조가 허물어지고 그룹이나 사업체가 깨진다는 것이 더 힘든 일이거든요. 그건 멀리 봤을 때 국가적으로나 국민적으로도 결코 바람직하지 않은 일이지요.

아빠　그래, 그런 심층적이고 거시적이자 원시(遠視)적인 시각으로 보면서 '현실의 상황'이라고 하는 한 축을 반드시 같이 고려하는 정책이어야 진실로 국가와 국민을 위하는 정책이란다. 그리고 큰 기업들의 사내 유보금의 활용방안도 기존 기업과 신사업체와의 상생관계를 유도하여 과거 벤처 실패율을 현저히 줄이는 유기적 기능이 숨어 있단다.

청년　그리고 정부와 지자체, 공기업과 공공기관 등의 '예산절감 포인트 제도'도 기발한 것 같아요. 정부와 관료사회가 먼저 솔선수범하여 예산을 절감하고, 청년실업과 명퇴실업 구제를 위한 근본적인 대책인 '신사업 공간운동'에 참여한다는 마음의 자세와 모범을 보일 수 있는 좋은 장치라고 생각해요. 그리고 예산절감의 결과로 포인트가 몇

년 모이면 정말 필요한 숙원사업을 집중해서 할 수도 있고 그것이 모두 국민을 위하는 길이지요.

아빠　아빠는 신금융 시스템인 '마이론 펀드'가 큰일을 해낼 것 같구나. 사실 우리나라의 시중 금융사, 특히 4개 금융사는 거의 국민세금인 공적자금으로 영위된 것이건만 항상 방만한 경영과 임원진의 부정에 대한 언론기사를 심심치 않게 접하게 된다. 무사안일한 담보대출, 손쉬운 아파트 가계대출, ATM 기기 수수료 같은 수익에 의존하는 현실이다.

세계은행들이 얼마나 적극적으로 상품을 개발하고 직접적인 투자와 리스크 관리기법 연구를 통해 글로벌하게 움직이는지 배워야 할 텐데. 외국에서 치밀하고 공격적으로 개발된 그림자 금융(shadow banking)인 헤지펀드는 금융감독의 감시를 벗어나기 일쑤란다.[49] 헤지펀드의 자금 조달원으로는 머니마켓펀드(MMF), 주택저당증권(MBS), 환매조건부채권(RP), 자산유동화증권(ABS), 주가연계증권(MBS), 파생결합증권(DLS), 증권사, 보험사의 위탁계정 등이 있는데 모두 그림자 금융이라고 하더라.[50]

이런 그림자 금융은 투자 구조가 복잡해서 손익 계정이 불명확하므로 감시가 어렵단다. 한국은행의 발표에 따르면 한국도 2013년 기준 1,561조 원 규모이며, 매년 10% 이상의 성장세를 보이고 있다고 한다. 이렇게 선진 금융기법들은 별 희한한 이름을 만들어 금융 파생상품으로 금융 후진국의 자금을 쓸어가고 있는 현실이란다.

또 하나 한국 금융시장에 크나큰 암적 요인이 예상된다. 그것은 이번에 일본이 '마이너스 금리정책'을 내어놓으며 '새로운 차원의 금융완화정책'이라는 평가를 하고 있다는 것이다. 이미 유럽 등의 일부 나라에서는 마이너스 금리정책을 시행하고 있는데, 문제는 우리 이웃인 일본이 마이너스 금리정책을 쓰면 지정학적 이웃인 한국의 고금리 금융시장으로 엔화가 쏟아져 들어온다는 점이란다.

이미 한국에는 저축은행과 제2, 3금융에 일본자금이 대주주화된 지 오래이다. 즉 일본자금의 한국금융 잠식의 인프라가 이미 구축되어 있다는 현실이다. 특히 한국 은행들의 높은 문턱 탓에 하우스 푸어 예비자들과 서민들, 영세기업과 상인들이 제2, 제3 금융으로 내몰려 고이자의 대출을 받고 있는 상황이다.[51] 한국 금융시장에 일본자금이 상당한 영향력을 가지게 되어 정부당국과 한국은행의 금융정책 시행에 영향을 주지 않을까 염려스럽다.

미래금융 시스템 '마이론 펀드'의 창조성

아빠 그런 점들을 예방하고 편중 적체되어 있는 한국 금융시장을 건설적 방향으로 재창조하기 위해 선진 금융기법을 뛰어넘는 우리만의 토종 금융기법을 연구해 본 거란다. 그 결과물이 바로 예금자가 게으른 은행을 제치고 '직접 론(대출)'을 결정하는 마이론 펀드(My Loan Fund)인 거다. 이자 수익도 소비자인 예금자가 갖고, 손해발생에 대한

리스크도 예금자가 갖는 것이지. 원래가 고소득 고위험이 기본 경제 법칙이니까. 이 금융 시스템을 기존 은행이나 증권사와 자산운용사 또는 '신사업 공간운동'의 신규 사업금융이 대행하고 기기 수수료는 해당 금융사가 받는 시스템이다.

이러한 '마이론 펀드' 자금을 전국민이 발 벗고 나서는 안전한 '신사업 공간운동'의 기금으로 '론(대출)'을 하고 그에 따른 수익을 받게 한단다. 그 후 2차로 '마이론 펀드'를 '마이론 뱅크' 시스템으로 확장하면, 우리나라의 자금 유동성이 적체되지 않고 예금자의 공격적 '마이론' 심리에 따라 경제 창출 사업 등에 자연스럽게 순환되는 금융개혁이 일어날 것으로 예측한다. 이렇게 되면 은행이 마이너스 금리정책을 쓸 필요가 없어진다. 은행이 이런저런 이유로 창조적인 기업과 신규사업에 자금을 주지 않으니 은행에 돈이 쌓이는 것이고, 그러니 마이너스 금리가 되는 것이다. '마이론 펀드'와 '마이론 뱅크' 시스템은 예금자와 은행 그리고 기업(상업)의 트리플 박스에 돈이 적체되지 않고 잘 순환되게 하는 힘과 원리를 가지고 있단다.

한마디로 내가 마이론 펀드로 '론(대출)'한 예금이 내 자식 내 남편과 아내, 내 부모의 일자리 생성에 쓰여진다는 점이 커다란 국민적 반향을 일으킬 것이다.

청년　아빠! 소비자가 왕이라더니~ 예금자가 직접 금융상품을 고르고 직접 론(대출)을 해서 그 이자 수익을 은행이나 펀드 자산운영사가 가지는 게 아니라 예금자인 내가 갖네요? 거기다 손해가 나도 그 리스

크는 내가 안는 것이고요. 예를 들어 1,000만 원을 예금하면서 100만 원은 보통예금으로 하고 150만 원은 학자금 대출로 하고, 150만 원은 부동산 담보대출로 하고, 600만 원은 신사업 공간운동 펀드로 해서 그 차등의 이자들을 다 내가 갖는 거죠?

아빠 그래. 은행이나 자산운용사(증권사 등)는 수수료만 먹고 ATM 기기나 창구에 비치된 금융상품 프로그램에 따라 소비자가 선택하는 것이지. 선진 금융기법을 뛰어넘는 이 금융 시스템의 백미는 소비자가 '직접 론(대출)'을 결정한다는 점과 '대손율 시스템'에 있단다.

청년 아빠~ 그 '마이론 펀드'의 대손율 20% 라는 게 뭐예요? 아까도 신사업체가 만약 망해서 대출자금의 손실발생 시 벤처와 달리 어느 정도 원금보전 방법이 있다고 하셨는데요.

아빠 그래, 그것은 대출자인 '신사업체'의 기술과 성공 가능성, 혁신성 등을 참작하여 대손율 20%에서 19, 18, 17⋯ 10% 등으로 대출금에서 해당 대손율만큼의 비율에 해당하는 자금을 보험처럼 남겨두는 시스템이란다. 예를 들어 2억 원의 마이론 펀드자금을 '신사업체'가 받을 때 최고 20%인 4,000만 원을 대손율로 남기고 1억 6,000만 원을 대출받는단다. 그러면 신사업체 5개가 1개의 신사업체의 전액 파산을 커버하게 된다. 정부가 20%를 보전한다면 5개 신사업체 중에 2개 신사업체의 파산 리스크 충격을 흡수하여 마이론 펀드 기금의 안정성을 확보하여 지속적인 '신사업 공간운동'을 영위할 수 있게 된다.

청년　아빠~ 쉽게 말하면, 일종의 예대마진의 금융상품에 보험의 기능을 합치고 소비자가 '직접 론(대출)'을 하는 시스템이군요?

아빠　그렇단다. 지금처럼 마이너스 금리 시대로 가는 전세계 금융 시장에서, 이 마이론 펀드나 마이론 뱅크 시스템은 소비자가 왕이 되면서 자금의 편중과 적체를 해소하게 될 것이다. 그 자금의 흐름이 적체되지 않고 생산적인 사업에 투자되는 선기능이 있는 새로운 차원의 금융기법이 될 수 있다. 또한 전세계의 당면 문제인 청년실업과 명퇴실업 문제를 해결하는 선도적인 금융 시스템으로 부각되리라 믿는다.

　자~ 이제 마무리를 하면서 기존의 벤처와 신사업 공간운동의 차이를 살펴보자.

벤처와 신사업 공간운동의 차이
(New Business Space Campaign)

벤처는 신성장 동력과 고용창출의 희망이지만 60~70% 이상의 높은 실패율로 인한 딜레마에 빠져 있다. 반면 새롭게 시작된 스타트업은 이러한 벤처 세대의 오류를 극복하고 실생활의 문제를 해결하려는 기본모토를 가지고 발전했으나 아직 실험 중이다.

벤처 및 스타트업계는 IT, 전자, 정보통신, 바이오 등 '한정 사업군'에 집약되어 창업하는 경향이 있다.

벤처는 업종 연구자 특성상 독자적이자 고립된 사업 운영방식으로 진화하여 경제 주축세력 속에서 '고립 경영'으로 실패 확률이 높았다.

신사업체는 사회 '전방위적인 경제사업 아이템'에서 전국민적 아이디어와 제안으로 창조된다. 과거 벤처 실패의 원인인 한정 사업군과 고립 경영의 해소를 위해 기존 사업체들이 동종 사업군·신규 사업군으로 이동시 지원, 용역계약, 부서합병, 개별채산제 계약 등을 한다. 기존 대·중소기업과 NBS기금과 시스템으로 연계 및 지원을 받으면서 재창조되어, 낮은 실패율이 예상되는 것도 큰 장점 중 하나이다.

청년 맞아요. 벤처나 스타트업이 새로운 서비스를 더욱 빠르고 편하게 사용할 수 있는 세상을 만들어주고 있지만, 사실 기업은 서비스 단독으로 이루어지는 것이 아니더라구요. 경영 경험이 거의 없는 젊은 세대가 시행착오를 겪는 와중에 자금고갈, 고객외면 등 다양한 악재가 겹치다 보니 그 위기를 견디지 못하고 좌초되는 것을 많이 봤어요. 그래서 요즘은 폐쇄적 경영을 지양하고 모두 공개 경영을 하고 있다고 해요.

신사업 공간운동의 결론
(200만 개 창업 & 800만 개 일자리 창출)

아빠　3종 실업(청년, 명퇴, 고령) 해결방안으로 1억~3억 원의 창업비를 무담보 · 무신용 장기대출로 지원하여 3~5년간 200만 개 창업(일자리 800만 개)하는 '신사업 공간운동'은 청년들의 도전과 명퇴자의 경험이 융합된다. 거기에 국내외에서 사장되고 있는 민관 사업정보의 D/B 활용과 세계 최초의 'NBS기금과 마이론 펀드'라는 신 금융 시스템의 지원이 있다. 또한 정부나 관이 주도하지 않고 국민 스스로 3종 실업층이 자발적으로 새로운 사업군을 창조하여 경제의 성장과 분배를 동시에 이룰 수 있다. 아울러 양극화되어 가는 사회분열, 빈부갈등 치유 등 일석삼조의 정책이자 진정한 화합의 '경제순환민주화' 정책이다.

신사업체 200만 개에 업무 연관상 기존 중소기업, 자영업 약 1~2개씩이 자발적으로 연관되면 실패 비율을 줄이고, 기업간 상생효과는 물

청년아
희망 줄게 절망 다오

107

론 전국 각 가정에 1~2명 정도 있는 청년실업, 명퇴실업이 해소된다. 그러면 대한민국 전 가정에 행복한 웃음꽃이 피는 '중산층 70%' 이상의 '선진한국'을 실현할 수 있을 것이다.

청년은 스스로 신사업을 발굴하고
부자와 재벌은 노블레스 오블리주를!

청년   아빠, 그렇다면 청년실업인과 명퇴 실업인이 한 창업팀으로 이합집산하면서 전국에 산재한 새로운 사업거리를 스스로 찾아내겠네요. 재벌 부자와 기업의 '노블레스 오블리주' 정신이 녹아 있는 '경제순환민주화' 정책의 도움으로 즉시 1억~3억 원의 자금을 받아 자신들의 '흙수저'를 '금수저'로 바꿀 기회를 얻는 새로운 '손뼉자생경제 정책'이 정말 멋진데요. 반드시 국가적·사회적인 차원에서 보완할 것은 보완해서라도, 아빠의 진정성이 담긴 '경제순환민주화'와 '신사업 공간운동'이 구현되었으면 좋겠어요.

신사업 공간운동의 성공열쇠
'신사업 공간 우선권 법제화'

아빠   하나의 신사업 창업이 시작될 때 '기존 사업군'의 운영법규에 저촉되는 사례가 비일비재할 것이다. 앞서 말한 것처럼, 시대마다 모든 혁신과 우리의 신사업 공간운동은 거의 현행 실정법에 위반될 가능성이 80~90% 일 것이다. 이때는 도로교통법의 '직진차량 우선권'처럼 신사업 공간운동의 '신사업군에 법률적 우선권'을 부여하여 '대통령선 시행령'으로 창업하고, 이어서 신속한 입법화가 뒷받침될 때 비로소 경제순환민주화의 신사업 공간운동이 성공할 수 있단다.

이를 입법화하지 않는 국회라면 그런 국회는 국민에게 불필요한 존재일 것이다. 또한 입법화되기 전에 '대통령 시행령'으로 소급하여 사업을 선진행할 수 있도록 '전국가적인 적극성'을 가져야 한다.

기존 사업군의 이익집단들이 반발하겠지만, 이렇듯 새로운 우주(사업군)를 창조하지 않으면 결국 머지않아 현재 반발하는 이익집단을 포함한 우리 경제 모두가 멈추기 때문이다. 법(헌법)이라는 것이 사람을 위해 만든 것이지, 사람이 법을 위해 존재하는 것은 아니다. 옛날에 예수께서도 법을 다 지키지 않으면서도 위선 떠는 바리새인들에게 말했지? 안식일(법)이 사람을 위해 존재하는 것이지 사람이 안식일(법)을 위해 있는 것이 아니라고 선포한 것처럼 말이다.

얼마 전 〈한국일보〉 기사(임소형 기자, 2016.03.29)에 따르면, 식품소재기업 A사는 미생물에서 세계에 보고된 적이 없는 효소와 올리고당이라는 신소재, 신물질을 찾아냈다. 이 물질효소는 당뇨와 비만 치료효과가 탁월하여 이 효소로 건강기능식품을 개발했다. 하지만 식품의약안전처는 선진국에서 식용이나 안전성 평가를 받았다는 증거자료를 요구했고 결국 제품은 출시되지 못했다. 이는 낡은 제도와 법규가 신기술을 따라가지 못하는 전형적 사례이다. 세계 최초의 개발과 기술도 우리나라 법규하에서는 무용지물인 것이다. 세계의 경제무역전쟁에서 앞서 나갈 수 있는 창조적 신사업을 하지 말라는 악법 중의 악법이 되어버린 것이 오늘날 낡은 법률과 규제의 현주소다.

경제에 관한 한 입법하지 않는 국회는 해산시킬까?

아빠　　그렇기에 우리 청년실업과 명퇴실업으로 전국민이 고통 받고 행복해지지 않는다면, 당연히 그 법들을 즉시즉시 고쳐서 경제 주체들이 생산성을 높이도록 보좌하는 것이 '국회와 국회의원들의 존재 이유'이다. 수요자인 국민이 막대한 월급을 주면서 고용한(?) 목적이, 국민이 행복해지게 하는 입법업무인 것이다. 그런데 이 사명을 제대로 하지 않고 놀고 먹다가 재계약(?)해서 자신의 억대 연봉(?)을 챙길 궁리만 하는 지금과 같은 국회라면, 그런 국회는 국민들이 강제해산(?) 시킬지도 모른다.

　우리 경제를 재도약시키고 청년들에게 꿈과 희망을 줄 수 있는 '신사업 공간 우선권' 입법으로 국민을 돕지 않는 국회라면, 국민에게 불필요한 장애물에 지나지 않을 것이다. 그렇다면 차라리 법률 전문가들과 행정 전문가들로 구성된 국가 공무원 형태의 '입법 업무부'로 변화

혁신하는 '민주주의 삼권분립의 재정립 혁명'이 일어나야 한다고 생각한다. 삼권분립이라는 민주주의의 운영 형태 역시, 시대에 맞추어 혁신적인 운영형태로 발전해야 할 때가 되지 않았나 하는 생각이다.

지금의 민주주의 제도로는 강제할 제도나 의지가 없고, 대기업들도 이익에 반해 실행할 의지가 없다. 그러니 민주주의의 궁극 목표이자 정의인 다수의 공익을 위해 소수의 권리를 어느 정도 강제하거나 제약할 수 있기 위해 아이러니하게 '사회주의' 체제가 유용할 수도 있다는 견해마저 국내외에서 들릴 지경이다.

청년　어휴, 그렇지만 오랜 역사를 가진 의회민주주의 삼권분립 제도와 헌법을 아빠 말처럼 그렇게 파격적으로 개혁하는 혁명을 할 수가 있겠어요? 그렇게 해도 괜찮을까요? 정말 되기나 하겠어요? 걱정이 앞서네요.

아빠　사실 민주주의라는 이념이 고대 그리스에서 생기고 정립되다가 온전히 정착한 것이 얼마나 되었니? 불과 백 년 조금 넘은 제도란다. 그 사이 민주주의의 가치와 헌법이 냉전시대 공산주의의 가치보다는 상대가치로 우월한 것이 역사적으로 증명되었다. 그러나 현행 민주주의의 가치와 헌법이 '인류의 절대가치'는 아니기 때문에, 인류의 사고와 법률 및 사회제도는 인류의 발전과 각 국가와 사회의 변화에 따라 혁신하고 변화해야 한단다.

전에 '경제민주화'의 내면에 숨어 있는 '경제사회주의화'에 대해서

는 옳다, 그르다를 유보한다고 말했지? 아빠는 경제시스템을 '경제사
회주의화'하는 것은 현재로서는 반대 견해를 가진다. 그 대안으로 '경
제순환민주화' 정책으로 '신사업 공간운동'을 제창했으니까. 청년들과
명퇴자들의 안정된 경제활동을 일으킬, 신사업 공간운동이 성공하기
위한 절대 선결과제인 '신사업 공간 우선권 법제화'를 위해 입법부의
개혁에 대해서만큼은 '사회주의적' 개념 적용이 필요한 시점이라는 생
각이다.

　이러한 사회의 여러 난제들을 해결할 묘수를 찾기 위해 종교에서
지혜를 구하고자 한다. 그래서 사실 조심스러우나 종교 이야기를 조금
해야겠구나.

가이사의 것은 가이사에게 줘라

아빠　옛날, 아주 옛날에 예수가 하신 말인데, 성서 전체에서 뱀은
사탄(마귀)이라는 '절대 악'을 상징하는 표현으로 사용하고 있다. 그런
데 그런 뱀을 좋게 표현한 곳이 딱 한 군데 있다. 그것도 예수가 직접
말했단다. 아빠도 몇 십 년을 연구해도 이해되지 않다가 어느 날 문득
깨달음이 왔단다.

　"…그러므로 너희는 뱀같이 지혜롭고 비둘기같이 순결하라.[52]"

"…그러므로 너희는 뱀같이
지혜롭고 비둘기같이 순결하라."

이 말의 앞뒤 문맥은, 사람들에게 가서 그들에게 가장 좋은 길에 대한 진실을 알려주라고 하면서, 전하는 자의 마음 자세에 대한 비유였단다. 오늘날 사람들은 헬라어 '프호로니모스'를 '지혜 또는 슬기'로 번역하고 '아케라이오스'를 '순결 또는 온순'으로 번역하고 있다.

그 결과 뱀의 특성을 은밀과 집중에 두고, 비둘기의 온순과 해를 끼치지 않음에 해석의 무게를 두었단다. 그래서 기독교인들은 전도할 때 예수처럼 온순하면서 떠들썩(들레지)하지 않고 조용히 슬기롭게 전해야 한다고 가르치더라.

과거 예수는 지금의 일부 신부들이나 목사들처럼 떠들썩하니 들레지 않았으니, 어느 수준에서는 맞는 해석이다. 하지만 실제 예수는 진실(알레데이아 : 진리)을 전할 때 온순하지 않았단다. 종교지도자들 앞에서 "회칠한 무덤들, 이 독사의 새끼들아!"라며 채찍을 휘두르고, 그들

의 관념과 고착된 율법과 종교제도의 도그마를 둘러엎으셨지.[53]

그 시대의 위선적이고 모순적인 율법과 종교제도를 혁파하는 '종교적 새로운 가치'를 역설한 것이란다. 만약 그 당시 예수께서 온순하고 슬기롭게 행동했다면, 당 시대의 모순과 위선적 종교제도에 반대하지 않았다면 그들은 예수를 죽이지 않았을 것이다.

청년　그 당시 예수님이 그들의 모순과 종교제도를 혁파하는 진실을 외치지 않았다면 그들이 예수님을 죽이지 않았을 것 같네요. 그런데 그 성서 이야기와 오늘날 한국의 정치, 경제, 사회 문제와 무슨 연관이 있어서 그 말씀을 하는 거예요?

아빠　그래, 아주 밀접한 관계가 있지. 예수 같은 성자들의 가르침은 딱히 신앙적인 면만 있는 것이 아니란다. 그런 분들의 가르침에는 개인 존재에 대한 질문과 답은 물론, 난제를 풀어갈 지혜까지 내포되어 있다. 인류의 위대한 스승인 예수나 석가붓다 같은 분들은 정치적이지 않았지만, 우리가 그 가르침을 현실문제에 적용할 수는 있을 것이다.

헬라어 '프호로니모스'는 '지혜나 슬기'보다는 '사려 깊다 또는 신중하다'로 해석하고, '아케라이오스'는 '순결이나 온순'보다는 '섞지 않은, 순수한' 등으로 해석하는 것이 헬라어 원문에 좀더 충실하다고 생각한다.[54]

그런 해석을 우리 사회에 적용한다면, 정책이나 선거공약을 얘기할 때 개인의 영달과 정치생명을 위하거나, 당리당략에 의한 '사심'들이 숨겨져 섞여 있는 정치행태와 국가경영을 수도 없이 보아왔다. 종교나 사회의 각 요소요소에도 그러한 일들이 다반사로 난무하고 있는 현실이다.

즉 정치, 경제, 종교, 사회에서 정책(진실)을 설파하고 국민을 진정 위한다면 '갑질과 막말'을 하지 말고, 사심과 당리당략을 섞지 말고 사려 깊은 지도자들의 자세를 가져야 한다. 이제라도 정치인들은 갑질, 막말과 사심을 버리고, 진정으로 국민의 유익과 안녕을 위하는 마음으로 '신사업 공간 우선권 법제화'를 입법해야 한다.

청년 정말, 정치인들의 갑질과 막말은 뱀의 사려 깊음과 정반대이고, 정치인들의 입법과 국정감사 등에는 사심과 당리당략이 섞여 있으니, 비둘기의 '섞이지 않은 순수함'과는 거리가 멀군요?

아빠 또한 종교지도자들도 옛날에 예수께서 스스로 성전 세금도 내고,[55] "하나님의 것은 하나님에게, 가이사의 것은 가이사에게"[56]라고 했듯이, 하늘의 법과 땅의 법을 다 실천한 예수처럼 자신들의 수익에 대한 세금을 내지 않는다면, 그들을 어찌 '예수의 제자'이자 '예수의 종교'라고 할 수 있겠니?

극히 일부의 종교지도자들이 정치 참여적인 언행들로 국민갈등을 야기하는 일도 마찬가지란다. 예수는 '종교개혁적'이었지 절대로 '정치적'이지 않았다. 로마와 유대의 정치인들과 당시 신정유착이었던 종교지도자들이 예수를 정치적으로 죽인 것이지, 예수가 정치적이어서 정치적 죽음을 당한 것이 아니다.

예수는 내내 당신의 나라는 이 땅(현실 정치)이 아니라고 말했고, 내 나라는 하늘(靈적인)이라고 가르쳤다. 오직 가롯 유다만이 로마로부터 이스라엘의 독립을 추구하는 '정치적 목적'으로 예수를 따랐고 예수를 정치적으로 이용하려 했다. 그런데 유다의 목적과 예상과는 달리 예수는 전혀 정치적이지 않았다. 그래서 생각한 것이 예수가 위기에 몰리면 초능력을 발휘하여 로마로부터 이스라엘을 독립시킬 지도자가 되리라 오판하게 된다. 그 결과 스승을 신정유착의 대제사장과 종교지도자들에게 팔아넘긴 것이다.

그 후에 스승 예수가 정치적인 단죄를 받는 것을 보고 "이건 아니다"라는 자책과 후회로 보상금 은 30냥을 종교지도자들에게 던지고 돌아가 자살한 것만 보아도 알 수 있다. 결국, 로마 총독 빌라도가 예수에게 "네가 유대인의 왕이냐?"(네가 정치적이냐?) 라고 물었고, 그 유대인들이 너를 내게 넘겼다고 말하자,

예수가 다음과 같이 말했다.

"…내 나라는 이 세상에 속한 것이 아니다. 만일 내 나라가 이 세상에 속한 것이었다면 내 종들이 싸워 나를 유대인들에게 넘기지 않았으리라… 네 말과 같이 내가 왕이다. 내가 이를 위하여 났으며 세상에 왔나니 곧 진리에 대하여 증거하려 함이다." 57)

이 말은 예수가 "나는 정치적이지 않다." 라고 말한 명확한 반증이다.

예수께서는 이 세상 정치하고는 무관하며, 자신은 오직 진리의 왕이자 진리의 나라(하늘)에 속한다고 말하고 있다. 그러므로 오늘날 극히 일부 종교지도자들이 정치에 관여하고 정치적 언행으로 국민들의 '갈등과 국론분열'을 야기한다면, 그런 분들은 '예수의 종교'라기보다는 정치적이었던 '가룟 유다의 종교'가 아닐까? 하는 오해를 살까 염려된다.

청년 아빠, 예수의 종교가 아니라 가룟 유다의 종교라는 말이 정말 의미심장한 말 같아요. 현실의 기독교(가톨릭, 개신교)가 무게중심을 어디에 두어야 하는지 깊은 영적 자성이 필요할 것 같네요.

아빠 불교계 역시 마찬가지이다. 부처께서 왕자의 정치적 입장을 초개처럼 버리고 오직 내면 여행에 집중한 끝에 깨달음을 얻은 후, 한 번도 정치 쪽으로 고개를 돌리지 않았단다. 깨달은 후 45년간 영혼 해탈의 진리를 전도하다가 80세에 입적하기 전까지 항상 겸손 자애하셨다. 이러한 고사를 잘 기억하여 자중하는 것이 부처의 제자이자 '부처의 종교'일 것이다. 그 부처의 가르침의 핵심은 모든 것(세상사)이 제행무상諸行無常하니 게으르지 말고 삿띠(마음통찰)하여 성취(성불)하라는 것이다. 밖에서 찾지 말고 내면을 깊이 통찰하여 개인의 성불을 최고의 수행이자 자비행이라고 말씀하신 것이다.

호국불교라 함은 밖으로 나라의 '정치'나 '사회적 관심사'에 관여하는 것이 아니다. 그 정신은 이 나라가 다른 나라로부터 침략을 당하고 국민의 생명이 유린당할 때, 국민의 한 사람으로 싸웠던 것이 호국불교라고 믿는다.

그러함에도 불구하고 극히 일부의 스님들이 큰 동량이 되는 수행에는 게으르면서 세속의 단맛과 세상사에 정치적 종교로 기웃댄다면, 그들이 비록 마조나 임제 같은 선지식이라 할지라도 그들은 부처의 예언처럼 말세에는 머리 깎은 도둑, 가사 걸친 도둑들이 내 이름으로 혹세무민할 거라는 예언이[58] 그들의 머리에 임할 것이다. 그들이 부처와 위치를 한 번 바꿔보자고 하던 정치적인 '마라파순의 종교'로 전락하게 되는 건 아닐까 몹시도 염려된다.

청년　아빠, 불교에도 그런 대단한 가르침이 있군요? 그리고 예수님의 가르침과 일맥상통하는 것 같아요.

아빠　그래, 인간을 사랑하고 진리의 깊은 오의奧義를 전할 때는 그 두 분이 서로 다를 것이 있겠느냐. 기독교든 불교든 자신(소우주)이라는 세상부터 진리를 깊이 새겨서 자신을 차고 넘친 다음에, 각 교회, 각 처, 각 도량을 정화해야 한다. 자신들의 종교 안에서 화합을 먼저 이루고, 불의와 부조리를 정화하기를 바라 마지 않는다.

그래서 어떤 유명 여배우가 이르기를 "너나 잘 하세요." 하지 않았니? 오늘날 우리 현실의 '현묘한 정답'인 것 같아서 나도 부끄럽다. 우리가 너나 할 것 없이 다 부끄러워했으면 좋겠다.

청년　호~ 아빠, 정말 성서와 불법의 가르침은 존재 자각과 신앙적인 부분만 있는 것이 아니네요. 그렇게 해석을 하니까, 우리 인간사회 전반에 걸쳐서 지혜를 주고 있네요.

아빠   그렇지? 그뿐 아니라 아빠는 예수의 그 말에서 '뱀의 사려 깊은 지혜'에 대한 또 다른 깨달음을 얻었는데, 그것이 오늘의 현실에서 경제기적을 일으키고 청년실업과 명퇴실업을 해결하는 최고의 지혜라고 생각한다.

즉 뱀은 자신의 연한 몸을 싸고 있는 껍질이 사용하다가 낡고 잘 맞지 않을 때쯤, 허물을 벗는 고통과 위험을 감수한단다. 마치 "새 술은 새 부대에 담는다"처럼 방금까지도 나를 보호하고 아늑하게 감싸준 보호막인 껍질(법률과 제도)을 과감히 벗고, 속(진심)에서부터 나오는 새로운 껍질로 바꾸는 '혁신 마인드'를 가진 것이 바로 '뱀의 지혜'란다. 예수께서 유일하게 뱀을 칭찬한 부분이지.

청년   우아~ 아빠, 정말 대단한 깨달음인데요? 그 성서의 여러 해석 중에 이번 해석이 가장 지혜로운 것 같아요. 아빠, 정말 뱀은 굳고 낡아서 자신이 유연하게 움직이는 데 방해가 되면, 계속해서 과감하게 혁신과 개혁을 하는군요? 우리 정치가 비둘기가 상징하는 순결처럼 '사심을 섞지 않고' 뱀의 지혜처럼 과감한 '개혁입법과 제도개선'의 옷으로 갈아입는다면 못 할 일이 없겠어요.

'경제순환민주화'의 '신사업 공간운동'은 제2의 한류기적으로 한국뿐 아니라 전세계의 '경제멈춤 현상'과 '청년·명퇴 실업'의 난제를 해결하게 될 것이라는 희망과 확신이 들어요.

아빠　　그렇지? 아빠도 같은 생각이다. 이렇게 종교에 대한 얘기를 하는 것은 상당히 조심스럽기도 하단다. 다만, 정치계와 경제계뿐 아니라 종교계도 '신사업 공간 우선권 법제화'를 위해 영성靈性과 불심佛心 있는 기도와 마음으로 청년실업과 명퇴실업으로 실의에 빠진 국민들에게 희망의 웃음꽃과 행복을 찾아주는 일에 동참해 주기를 바라서, 짧은 식견이나마 종교와 연관지어 얘기해 본 거란다.

신사업 공간운동의
신사업 업종들 예시

|그림 7| 신사업 공간운동의 다양한 업종 예시

신농업 명품시골마을

시골에 위성도시처럼 신사업 거점 클러스터를 만든다. 청년실업자와 명퇴실업자가 시골 농경지를 소유한 고령자 및 농업경험 고령자와 제휴하여 신사업체를 창업하는 신농업 귀농촌을 건설하는 것이다. 주택지원은 현재 정부 귀농지원금을 활용하면 된다. IT기술 접목, CCTV 재배장으로 도시인 상시 관찰, 회원 주문자 생산판매 시스템, 답사 교육여행 등을 스마트 융합한 안전 먹거리의 실시간 체크, 실시간 디지털 이력제 유통, 판매수요까지 갖춘 원스텝 시스템이다. 연수익 1억 원 이상의 '고수익형 명품시골'을 전국에 거점 클러스터 형태로 시범 설치한다. 안전하고 지속적인 고수익 발생, 부의 축적이 예상되며 이에 더하여 의료병원, 학교, 문화시설 등을 명품시골로 유치해야만 명품시골이 성공한다. 이는 도시생활에 젖은 창업자들의 문화향유 욕구가 시골에서도 충족되어야 정착하기가 수월하기 때문이다. 이 사업은 지자체 발전 효과 및 시골 공동화 현상을 해결할 수 있다(안심야채, 태양초 고추, 씨감자 생산 및 고부가 작물, 신품종 육종 또는 건강축산 등).

예를 들면 태양초 고춧가루의 유통문제다. 값싼 외국산이나 썩은 고추를 손질하거나 섞어서 만든 불량 박테리아 독소 고춧가루, 외국산을 섞어서 국산 고춧가루로 판매하는 행위, 건조기로 짧은 시간에 대량 건조하여 칙칙한 고춧가루 등이 현실이다.[59]

- 명품시골마을에서는 200명×50kg의 국산 태양초 고춧가루를 주

문받았으면 약 1만 4,000kg의 고추를 청결한 비닐하우스 건조장에 입하함.

- 비닐하우스마다 장착된 CCTV로 실시간 도시의 주문자에게 노출됨.
- 자연건조가 끝나면 1차 손질되며 연계된 비닐하우스로 컨베이어 벨트를 이동하여 분쇄기에 들어가 분쇄됨.
- CCTV 아래에서 시료를 채취하여 즉시 독소검사를 실시하고 그 결과표를 포장지에 부착한 후 주문량대로 포장하고 주문자에게 배송됨. 600g당 1만 원이면 50kg당 약 83만 원이며, 이는 한 개의 농사 팀(두 가족) 수익이 연간 약 1억 7,000만 원의 매출임(가격이 비싸더라도 이렇게 신뢰감 있게 생산한다면 신농업 상품의 주문자가 넘칠 것으로 예상).

양·한방, 치과 및 학교(교사급여), 각종 문화시설(박물관, 공연장 등) 및 상권(커피숍, 프랜차이즈 식당 등)을 유치해 입점시 자신들의 수익 외에 신농업 생산시설의 일정부분 수익지분(예: 500평 수익 또는 7,000만~1억 원)를 할당해 주면 추가 고수익이 보장되므로 최선을 다하는 도시의 문화, 의료, 교육 서비스를 명품시골에서 구현하게 된다.

녹색환경주택 리모델링 시스템 사업
(황사, 화산재, 전염병 방역 하우스)

한국의 주택시장은 이미 인구 대비 포화상태이다. 건설·건축 시장이 경기부양에 가장 직접적으로 반응하는 효과 때문에, 모든 정부가 우선 선호한 결과이다. 한국 주택 건설시장은 북한과 통일이 이루어지기 전에는 이미 임계치를 넘었다고 본다. 통일이 되면 북한의 인프라 구축과 주택 건설에 재원을 치중하게 됨은 당연할 것이다. 반면 남한은 이미 도로, 철도, 항만, 공항, 통신망, 상·하수도, 주택 등의 개발이 거의 완료된 상태이다.

| 그림 8 | 녹색환경주택 개념도

핵가족 시대에 돌입하면서 큰 평수의 집들은 가치가 하락하고 있다. 그것은 결국 전체 주택가격의 하락으로 연결되고 미국의 금리인상 등

의 요인으로 가계부채 금융 대란과 하우스 푸어 현상으로 이어지고, 우리나라는 선진국형 디플레이션에 빠져들 것이다.

대안이 있는가? 있다.

- 한계에 도달한 주택건설을 줄이고, '임대주택의 인프라 가치'를 높여야 한다. '임대아파트 인프라 가치'란 녹색환경 주택 시스템, 문화·체육 시설, 소수정예 초·중학교 설립 등을 갖추어서 거주민의 '자긍심 고취'가 우선되어야 한다. 그래야 현재 전세 대란과 전세 수요를 임대아파트로 유입할 수 있다.

- 점점 심해지고 있는 대기환경오염과 전염병 등으로 인한 수요가 발생하고 있으므로 '녹색환경 주택 리모델링 사업'으로 건설·건축의 방향을 전환하면, 경기부양 효과와 주택 가격 유지 및 하우스 푸어 현상을 예방하는 일석삼조의 효과가 예상된다.

- 큰 평수의 아파트는 상·하수도관과 출입문을 한 세트 증설하여 1주택 2가구로 나누어 인테리어하여 임대수익사업 및 자녀 분가 생활을 할 수 있도록 한다.

- 아파트 출입문 현관에 에어커튼을 시설하고 귀가시 밖의 먼지를 세척한다.

- 닥트 배관으로 외부배출, 신발장에 오존 및 자외선 살균 시스템, 사스, 메르스, AI 등 전염병 발생시 살균효과 수준의 약산성수 손세척기 및 현관·천장 산성수 분무 시스템 등 살균설비를 현관 안에 시설한다.

- 태양광(실리콘, 요오드 유리) 발전, 풍력 압전 등으로 전력을 생산하고 아파트 베란다 및 중앙통로 집결형 아파트 등은 LED 식물형광등을 활용한 채소텃밭 시스템 구축(계단식 텃밭대와 씨앗, 배양토, 재배요령 등의 매뉴얼 공급), 특히 중앙집결식 아파트, 주상복합형 복도에 층별 텃밭을 갖추고 의자 등을 구비한다. 층별 가구들의 친목과 보안유지에 상호 도움이 되는 실내 텃밭은 미래 일시적인 대기 환경재앙 등에 선제적으로 대비할 수 있으며, 안심 채소 먹거리 준비 효과까지 있다.

* 이를 위해 관련 규제법규의 손질과 추가 입법은 필수이다.

4대강 사업 재활용,
생수 및 용수 저장용 대형 수로관 사업

우리나라는 하상계수가 유럽이나 중남미 국가의 1~2.5 정도보다 4~5 정도로 경사각이 높다. 즉 우천시 강물이 그만큼 빨리 바다로 나가버린다는 뜻이다. 기왕에 수십조 들여서 만든 4대강이니 그것을 부수거나 방치하여 하자보수로 혈세만 낭비할 게 아니라 유용하게 활용하는 것이 지혜이다. 벌써 일부 지방에서는 농업용수와 공업용수는 차치하고 식수마저 절대 부족해지고 있다. 지구온난화 현상으로 이러한 변화는 더욱 심해질 것이고, 그로 인한 우리 생활의 패러다임까지 바뀔 것을 예견해야 한다.

- 그러나 사실 4대강 사업은 현재의 경제적 가치로 볼 때 실패작일 가능성이 더 높다는 주장도 있다. 일부 보의 수문은 세계적 기준 인 20m보다 2~5배까지 길고 크다. 때문에 안전문제가 발생하지 않을까 염려도 된다.[60] 철제 수문은 강수기 때 하천 수압과, 수압 으로 인한 금속특성인 '진동 증폭'에 의해 휠 가능성이 아주 높다 고 생각한다.
- 그렇기에 이제라도 집중호우 때 전체 보의 안전에 기여하면서 막 대한 경제적 유익도 발생하는 '용수 저장용 대형 수로관' 사업을 시작해야 한다.
- 4대강의 각 수중보에서 강 양쪽으로 반지하 또는 지하에 '용수 저 장용 대형 수로관'을 여러 개 매설하여 내륙의 도시 외곽, 농촌 쪽 으로 중간 저수조를 형성하면서 뻗어 나가게 한다. 강우기에 저장 하고 갈수기에 식수와 농공업용수로 사용하면 홍수 예방효과와 장차 절대 물 부족 현상에서 탈피하는 미래를 준비하는 '국토개 발계획' 수준의 대형 토목, 건설, 개발 사업이다.

4대강의 녹조로 인한 환경문제는 하루속히 '에어 마이크로 버블 펌 프' 시스템을 현장에 실용화하여 물속의 Do, 즉 용존산소량을 높이면 녹조는 자연스럽게 사라지고 맑은 물로 바뀔 수 있다(이미 실험 검증된 시제품들이 여러 종 있는 것으로 알고 있다).[61] 또한 생태환경 보호 차원에 서 하천 물고기와 생물들의 이동 경로를 생태개울형 수로의 구조[62]로 보완하여 설치할 필요가 있다.

4대강의 강둑 너머에 위치한 지대에 생수공장을 대량 신설한다. 모래바닥 깊은 강변 속으로 침출되고 자연 정수된 생수를 생산할 수 있다. 그러면 이는 막대한 양의 생수를 저렴하게 생산하여 수출할 수 있는 미래 신사업이다.

동네병원의 '암 진단 생활화 시스템'

옛날에는 대학병원 같은 대형병원에서 실력을 높여 개업하는 것이 의사의 로망이었는데, 지금은 동네병원은 영세하고 대형병원에는 환자가 밀려 수개월씩 대기하기도 한다. 그러면서 병을 더 키우기도 하니 우리나라의 암, 당뇨, 비만 발생으로 인한 국가적 손실비용도 연간 수십조로 엄청나다.[63]

대형병원 집중현상을 막고 동네병원의 자생력 향상과 적체된 의료인 인력의 활성화 사업이 있다. 동네병원에 NBS기금이나 '마이론 펀드'를 지원하여 혈액채취 암 판별 시스템, 자기파동 암 체크 설비 등 암 판별 시스템 설비를 병원당 5~6대 정도 설치한다.
- 1~2주일에 1~2회씩 약 20분 정도 설비 의자에 앉아서 체크하고 가면 그동안의 체크리스트와 비교하여 이상징후를 포착할 수 있다. 병원은 즉시 스마트폰에 데이터와 의사소견 멘트를 환자에게 보낸다.

- 많은 시간이 소요되지 않으므로 언제든 동네 주민들은 마치 주치의를 둔 것처럼 암 발생 요인들의 사전점검 및 발견이 용이해 진다.
- 대형병원들은 값비싼 MRI나 CT촬영기, 핵자기 공명장치 같은 시설과 외과수술 전문팀, 돌발 전염병 대처 병동 운영 및 장기 입원 환자 중심으로 운영한다.

이 시스템이 구축되면 암 발생으로 인한 직간접적인 사회적 손실을 사전에 줄여 국가예산을 생산성 있는 사업에 사용할 수 있다. 수많은 동네병원의 경제적 활성화로 고급인력인 의료진들의 고용안정에 기여한다.

우리나라도 통합의학을 지향해야 한다. 흑묘백묘 이론처럼 양방과 한방이 침술, 심리치료, 대체의학, 민간요법 등과 함께 한 병원 안에 원스톱으로 구축한 것이 미국의 통합의학병원이다.
- 환자가 오면 양방의사, 한방의사, 침술사, 심리치료사 등의 진찰을 순회하면 각 의사들이 공동회의실 또는 모니터 화상회의에 모여 환자의 상태소견을 토의하고 적절한 처방을 내리는 병원 시스템이 미국에는 활성화되고 있다.
- 한방에서는 한약재를 직접 재배생산, 유통, 저장 등을 감독하는 사업을 시행하여 외국산 농약, 비료 살포로 인한 한약재 독성 사례를 완전 차단하는 자정 노력이 필요하다.
- 양의사 단체와 한의사 단체 그리고 의약품 단체 등 '이익집단'간

의 다툼으로 소비자인 국민환자를 볼모로 파업하는 행위들이 사라지고 상호 상생하는 길이 될 수 있을 것이다.

제2의 주택인 자동차 지능화 및 원격의료시스템

과거 외국 드라마에서 말하고 생각하는 차가 나온 적이 있는데, 지금은 그 상상이 현실이 되고 있다.

- 운전대에 센서 팔찌를 차면 운전자의 혈압, 맥박수 등을 체크하여 지정된 의사에게 보내고, 즉시 의사의 소견을 멘트로 듣게 한다.
- 소견에 따라 긴장을 푸는 음악과 아로마 향기를 선별해 주고, 운전자가 졸음운전을 하는 상황(맥박수 저하)을 인지하면 멘트와 함께 환기 등의 조치를 해준다.

차내 블랙박스의 전력사용량을 최소화로 개발하고 주차 후 차량 전방위의 상황이 모니터링되며, 수시로 외부에서 현재 차량 주변을 스마트폰 영상으로 확인할 수 있다. 외부 충격시 즉시 경보와 함께 차량 주인의 스마트폰에 주변 상황을 동영상으로 전송한다.

- 차량 주인이 스마트폰에 상황 지시 등의 말을 하면 차량에서 음성이 나와 주변 사람에게 주의를 주거나 대화를 할 수 있다.

이러한 기술적인 부분들은 얼마든지 추가할 수 있다. 다만 원격의료 행위는 기존 의사협회의 이해관계로 인한 법제화가 힘든 상황이다. 또한 현대인의 제2의 주택이 되어버린 차량을 새롭게 인테리어하려는 수요가 폭발적으로 증가하고 있다. 이에 맞추어 차량 개조, IT, 통신 접목 등의 시장도 경기부양의 큰 축을 차지할 수 있는 신사업 공간이므로 활성화시켜야 한다. 안전운전과 소음에 치명적인 일부 사안 외에는 과감한 규제철폐가 필요하다.

　*　이와 같이 새로운 우주, 즉 새로운 사업군을 창조하기 위해서는 기존 사업군의 '기득권의 창조적 파괴'에 해당하는 신규 법제화가 이뤄져야 한다. 이것 없이는 태양이 식어가는 우주에서 결국 모두가 멸망하게 될 뿐이다. 그래서 '직진차량 우선권'처럼 '신사업 공간 우선권'의 법제화가 절대 전제조건인 것이다.

제2장
정치 이야기

모든 대통령은 하늘이 냈다

청년　아빠! 정치가 고급스러워져야 하고 정치인이 정도正道를 지켜 정치개혁이 먼저 되어야 국가적·사회적 난제가 조속히 해결된다고 하셨잖아요. 그래야 경제, 사회. 국방, 외교, 교육, 문화 등의 분야가 원활하게 자생적 시너지를 일으킨다고 하셨잖아요. 그럼, 대통령은 모든 정치인과 정부의 수장으로서 어떠한 자세가 필요한가요?

아빠　한 나라의 대통령은 국가와 국민의 안녕과 발전을 이루어낼 '오래 묵힌 비전'을 가지고 있어야 하고, 그 비전을 구체화할 '폭넓고 깊이 있는 식견'이 있어야 하며, 그 꿈을 실현해 나갈 '담대한 용기와 굳은 의지'가 있어야 한다. 이러한 지적인 머리가 있는 지도자의 덕목 외에 어쩌면 더 중요할 수도 있는 것이 있다. 그것은 바로 국민의 아픔과 어려움을 진정으로 느끼고 함께할 수 있는 '따뜻하고 소통할 수 있는 가슴'이다.

청년　아빠! 냉철한 판단과 냉정한 통치력을 구사해야 할 뿐 아니라 일견 비열하고 중상모략과 권모술수가 난무하는 정치판에서 '가슴'을 말하는 것은 너무 감상적인 얘기가 아닐까요?

아빠　열에 아홉은 그렇게 생각하겠지만, 아빠 생각에는 정치에는 크든 작든 간에 각종 포퓰리즘의 적절한 타이밍의 구사가 필요하다고 믿는다. 포퓰리즘이 다 나쁜 것은 아니다. 물론 어떤 정치인들의 눈에 보이는 '얄팍한 포퓰리즘'은 자신의 인기영위를 위한 술수에 불과할 것이다. 그러나 실제로 대부분의 정치인은 경중의 차이는 있지만 포퓰리즘은 결코 무시할 수 없는 정치술의 하나라고 봐야 한다. 노자의 〈도덕경〉 10장의 한 구절을 살펴보자.

"위민 척제현람 능무자호?"爲民 滌除玄覽 能無疵乎?
"백성을 위해 섬돌을 닦아주고 어두운 곳을 살펴 상처를 없게 할 수 있겠습니까?"

한문을 쉽게 직역해 보면, 이 말은 곧 백성의 집 댓돌을 몸을 숙여 닦아주고 아픔과 상처를 어루만져 주는 것이 대통령의 할 일이라고 노자가 말한 거란다. 이것도 어떤 시각으로 보면 포퓰리즘 아니겠니? 국민을 감동시키고 국민의 심정적 지지를 이끌어내는 겸손함이라면 그것이 비록 '포퓰리즘'이라 할지라도 '진심 어린 포퓰리즘' 아니겠니? 그 누가 뭐라 해도 사심 없는 내 진심을 국민의 가슴에 옮겨 심는 하나의 방편이자 테크닉이라고 볼 수 있다. 그것이 의도된 의식적 테크닉이든, 본성적 테크닉이든지 간에 그것은 둘 다 효과가 발생한단다.

'얄팍한 포퓰리즘'이 아닌 '진심이 담긴 포퓰리즘'의 좋은 예로 故노무현 대통령을 들 수 있다. 대통령이 서거한 이후 수년간 전국에서 수많은 국민들이 자발적으로 묘소를 순례 참배하는 일이 대한민국 역사 이래 언제 있었니? 그분의 무엇이 수많은 사람들의 가슴에 먹먹한 정(情)을 심었을까? 아빠는 그분의 가슴속에서 우러나오는 '진정성'이 그 힘의 원천이라고 생각한다.

학연과 지연으로 스크럼이 짜여진 기득권층의 정수리에 고졸 출신의 대통령이 탄생한 것은 좋은 학벌에 많이 가진 기득권층에게는 충격이었으리라 생각한다. 그 반면, 가난하고 어려운 환경 속에서 스스로 노력하는 대다수 국민들의 가슴에 그는 꿈을 심었고, '꿈을 꾸게 한' 대통령이었다. 물론 동시에 수많은 사람들이 그분이 정치를 잘 못했다고 말하기도 한다. 그뿐 아니라 강한 호랑이나 대장의 냄새를 자신들의 몸에 발라 자신의 힘인 양 하는 동물들처럼, 그분의 후광을 업고 자신들의 야망을 세우려 하는 사람들도 있지만 말이다. 내가 만일 故노무현 대통령 묘소에 참배할 기회가 있다면 나는 방명록에 이렇게 쓰고 싶구나.

Election

"머리로는 잘못한 것들이 있는 것 같은데, 가슴으로는 그냥 그가 좋다. 이것이 노무현이다!"

청년　노무현 前대통령에 대해 감동이 있는 일언절구네요. 저도 전적으로 공감해요. 공과를 떠나 가슴으로 존경하고 사랑할 수 있었던 분이죠.

아빠　통치자의 '가슴'이 얼마나 중요한지 이야기해 보자. 대통령과 정부가 국가경영 어젠다(의제)를 치밀하게 세우고 개혁정책을 펼치며 경제부흥을 약속하지만, 어떤 대통령도 그 계획을 100% 이룰 수는 없다. 만일 대통령과 정부가 자신감이 지나쳐 자만과 독선에 갇혀 국민의 정서(가슴)에 가슴으로 소통하지 않는다면 일을 아무리 열심히 잘한다 해도 국민의 외면을 받는다. 왜냐하면 머리의 계획과 이성적 자신감으로 펼친 일 중에 몇 십 %만 성공하지 못해도 국민들 또한 머리의 이성적 판단으로 실패를 인지해 결국 대통령과 정부 전체를 지지하지 않기 때문이다. 지나치게 잘난 사람들(?)에 대한 본능적 반감이 무의식적으로 작용하기 때문이란다.

그러나 비록 실패한 정책과 과오가 있더라도 '따뜻한 가슴'으로 국민과 소통하는 '진심이 담긴 포퓰리즘'의 정치 테크닉을 겸비했다면, 국민들이 머리로는 결코 용납되지 않을 어떤 잘못조차도 가슴속에서는 봄눈 녹듯 녹아버릴 것이다. 노자 〈도덕경〉 10장 한 구절을 더 보자꾸나.

"애민치국 능무지호?"愛民治國 能無知乎?

"지식으로… 아는 것으로… 머리로 나라를 다스리지 않을 수 있겠습니까?"

청와대라는 섬의 왕좌에 앉으면 그 주변에는 제 잘난 머리만 믿는 전술적 잔머리꾼들의 '人의 장막'이 철벽처럼 둘러쳐질 수도 있다. 따뜻하고 진심 어린 가슴으로 국민의 아픔과 상처를 어루만지며 함께 울었던 故육영수 여사 같은 그런 가슴을 가진 대통령이 될 수 있겠냐고 오늘도 노자는 우리들에게 묻고 있는 거란다. 정부와 국민 사이에, 보수와 진보 사이에, 지역과 지역 사이에 벌어진 불신의 상처를 싸매주는 '감성적 정치'야말로 폭넓은 국민적 지지로 결국은 성공한 대통령과 정부로 기억되리라 확신한다.

청년　역시 노자의 〈도덕경〉이네요. 그런데 한국의 역대 대통령들에 대한 평가가 보수와 진보 양진영에 따라 너무도 현격한 차이가 나서 국민적 갈등의 크나큰 요인이 되는데, 우리 국민이 어떤 관점으로 판단하면 좋을까요?

아빠　그래, 그것은 정말이지 중요한 문제다. 일부의 여야 정치인이나 언론인, 방송패널들, 좌파적 선생들, 극우 언론인, 저명한 교수와 학자들조차 자신들이 속한 진영의 사시적 시각에 붙잡혀 사회적 갈등만 부추기고 있으니 우리의 미래인 청소년기의 젊은이들에게 죄를 짓는 것이다.

　나는 이렇게 말할 수 있다. 어떻게 이쪽은 다 옳고 저쪽은 다 틀렸으며, 어떻게 이 대통령은 다 잘해서 좋은 대통령이고 저 대통령은 다 잘못해서 나쁜 대통령일 수가 있단 말이냐? 기본적으로 대통령마다 잘한 것도 있고 잘못한 것도 있어서 절반 이상 잘한 것이 많거나, 아니면 아주 중요한 일을 잘했으면 잘한 대통령, 괜찮게 한 대통령이라고 해주면 된다. 그보다 못한 대통령은 조금 못한 것이 있지만 잘한 것도 있는 대통령으로 평가해 주는 양비양호론적 시각이 작금의 이 분열과 갈등의 시대에 꼭 필요하다고 생각한다.

청년　아빠! 황희 정승처럼 이래도 응! 저래도 응! 하는 우유부단함이 양시론인데, 정치에서 흔히 말하기를 회색분자, 즉 중도는 결국 공중분해된다고 하던데요? 진보좌파(좌꼴?)든지 보수우파(수꼴?)든지 선명하고 뚜렷한 자기 소신과 철학이 있어야 그 정체성을 구심점으로 같은 생각을 가진 사람끼리 모여 정당이 되는 것 아닌가요? 그냥 이쪽저쪽을 비판만 하고 자신은 아무것도 안 하고 있으면 그것도 비겁한 것 아닌가요?

아빠　그래, 네 말도 맞구나. 허~허~ 내가 지금 이렇게 답하니까 일견 우유부단한 것 같아 보이지? 하지만 상대가 네 편이든 내 편이든 옳은 것은 옳다 하고 그른 것은 그르다고 말하는 것은 우유부단이 아니다. 오히려 확고한 가치신념이 없인 불가능한, 선명한 용기를 가진 정체성이란다.

요즘 제3의 중도를 표방하는 정당이 생겼는데, 언론에서는 끊임없이 그 당의 정체성이 무엇인지 규정할 수가 없다고 하더라. 그 당은 어떤 분야는 보수적이고 어떤 사안은 개혁적이니 이랬다저랬다 갈팡질팡이라고 핀잔을 주고 있다. 하지만 아빠가 볼 때는 그 당의 그런 언행조차 '그 당의 정체성'이라고 생각한다. 오히려 언론이 '도 아니면 모' 밖에 모르는 사시적 관점이 아닌가 싶다. 성서에서 예수께서도 이렇게 말했다.

"너희는 예 할 것은 예 하고 아니오 할 것은 아니오만 하라. 그 이상의 말은 악에서 비롯된 것이다. (마5:37)"

이 말은 자신이 옳다고 여기는 것을 끝까지 관철하라는 말이 아니다. 이편이든 저편이든 국민의 행복을 위한 진실이라면 상대의 의견도 옳다고 인정해야 한다는 가르침인 것이다.

아빠가 현재 양비양호의 중도적 성향을 강조하는 이유가 있다. 우리가 병을 고치기 위해서는 먼저 정확한 진단이 필요함을 알고 있다. 사업을 시작하기 전에 충분한 시장조사와 리스크 예방대책을 강구해야 실패 확률을 줄일 수 있는 것도 다 같은 이치이다. 이와 같이 한국의 정치개혁을 위해 가장 선결되어야 하고 중요한 것이 현실상황 인식이란다. 그런데 보수와 진보는 서로 양측의 관념과 시각으로만 상황 판단을 하고 잣대를 들이대고 있지 않니? 그래서는 눈 몰린 '가자미의

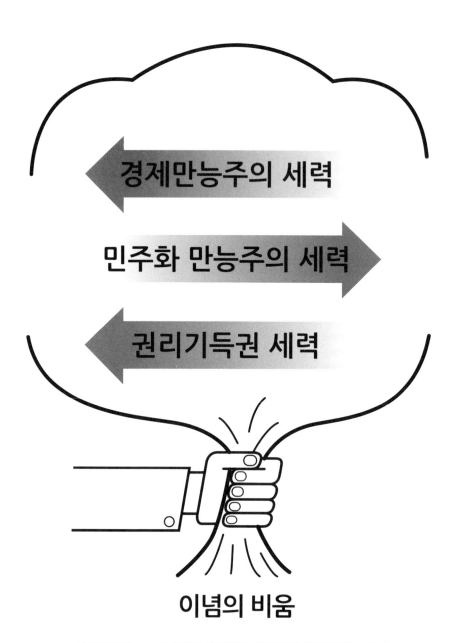

경제만능주의 세력

민주화 만능주의 세력

권리기득권 세력

이념의 비움

"울타리 없음에 오히려 중심이 생긴다"

정체성'밖에 안 되는 거란다.

청년   아하~ 알겠어요. 병을 고치기 위해선 현실상황에 대한 정확한 진단이 필요하죠. 그러려면 객관적 사고와 시각으로 판단 평가하기 위해 좌와 우, 보수와 진보로 극명하게 갈린 생각들에 조금씩 중간 배색을 만들고 여유를 가지고 상대방의 일정부분을 이해하는 방향으로 가자는 취지인 거죠?

아빠   그래, 바로 보았다. 다만, 양비양호론에는 반드시 대안제시가 뒤따라야 한단다. 대안이 없는 비평은 아주 쉽고 무책임하며 신나는 말의 유희일 뿐이란다. 트위터에서 제법 인기 있다고 대안제시도 없이, 단견의 자극적인 막말들을 쏟아내는 이들의 행태도 바람직하지는 않더구나.

  통일을 앞둔 대한민국의 현실에서 진정 필요한 가치는 보수나 진보가 아니다. 오히려 중도적 가치를 가지는 일반 국민과 정치인, 교수들, 언론인들이 현재의 보수나 진보보다 많아질 때가 가장 합리적이고 이상적인 가치 구조라고 생각한다.

  그리고 속을 치밀하게 들여다보면, 특히 지난 18대 대선 때 여론조사를 보아도 실제 극보수는 약 7~8%, 극진보는 약 5% 정도밖에 안된다고 개인적으로 생각한단다. 그 양극단에 이끌리는 층이 각각 20% 정도로 추정하면(당시 박근혜 후보의 소위 콘크리트 지지율 25~30%) 나머지 약 50%의 국민이 양비양호론적인 가치로 선거 때마다 선거 이슈와 국정현안에 따라 후보 선택에 결정적 영향을 주었다고 본다. 이들을 가칭 '개혁중도보수층'이라고 분류할 수 있단다.

수많은 갈등 구조로 고착된 한국이 북한과 통일이 되면 또 다른 갈등요인들이 산적해 있기 때문에 이러한 중도적 가치와 양비양호론이 절대 필요한 거란다.

청년   아빠~ 그럴 듯해요. 가칭 '개혁중도보수층'이라는 신조어처럼 중도적 성향을 가진 50%의 국민을 양극단이 서로 이미 자기편이라고 생각하면서 선거전략을 수립했던 거네요? 이제부터는 그 '개혁중도보수층'의 기호와 가치에 어필할 수 있는 국가경영 어젠다를 선거정책에 먼저 적용하는 쪽이 유리하겠어요?

아빠   아마도 그렇게 될 것이다. 아빠가 이런 주장을 하는 이론적 근거를 우리 한민족(동이족)의 고대 경전인 〈천부경天符經〉을 통해 설명해 주마. 〈천부경〉은 고대 환국의 환인천제 7대로부터 구전되어 오던 씨앗경전으로서, 환웅천제 18대를 거치면서 은대문자(갑골문), 한자 등으로 기록되어 단군천제 47대를 지나 고구려, 발해시대를 거치고 고려와 조선 때까지 〈삼일신고三一神誥〉와 〈참전계경參佺戒經〉과 함께 전수해 내려온 동이족만의 삼대 경전 중 하나란다.

이 경전은 가로 세로 9자씩 총 81자로 구성되었고, 그 뜻은 우주생성 원리와 사회구성 원리 및 사람의 도리를 양자물리학적인 이론과 철학적·종교적 함의를 감추고 있는 대단한 경전이다. 그 구절 중에 '일적십거 무궤화삼 一積十巨 無匱化三'이라는 암호같이 함축된 말이 있는데 풀이하면 다음과 같다.

- 일적 : 일적이음립 一積而陰立, 미립의 작은 하나가 쌓여(집적) 음을 세우고
- 십거 : 십거이양작 十巨而陽作, 드러난 것이 커져서 양을 만드니
- 무궤 : 무궤이충생 無匱而沖生, 테두리(울타리) 없음에 오히려 중심이 생긴다.
- 화삼 : 집일이함삼 執一而含三, 하나를 잡으면 셋이 포함되어 있고 회삼이귀일 會三而歸一, 셋이 모여 하나로 돌아간다.

여기에서 음양충 삼태극의 비밀과 '하나가 셋이고 셋이 하나'라는 심오한 철학은 우리 한민족 제3의 사기인 〈환단고기 桓檀古記〉에 펼쳐져 있단다. 우리 고대 선조들이 〈환단고기〉와 〈천부경〉의 '무궤이충생' 이라는 진리를 암호처럼 우리에게 주었으니 우리의 현실에서 해독하여 활용해야 자랑스러운 우리의 것이 되지 않겠니?

극우나 보수 세력과 극좌파나 진보세력은 치우친 이념과 편협한 사고로 강력한 궤(울타리)를 가지고 있고 그 울타리로 결속하는 것이 무리를 흩어지지 않게 하는 최선책이라 믿고 있다. 그러나 우리의 고대 선조들은 강제하고 결속하는 울타리를 열어버림으로써 오히려 중심이 생긴다는 발상과 논리를, 구전 口傳시켜 내려온 〈천부경〉에 감추어놓았구나.

"무궤이충생, 울타리 없음에 오히려 중심이 생긴다."

마치 태풍의 눈처럼 거대한 힘의 소용돌이가 아무런 울타리가 없음에도 중심에 조용하나 강력한 힘을 갖는 자연의 이치를 정치술에 녹여낸 암호라고 아빠는 해독한단다. 그래서 아빠는 보수나 진보의 궤에 갇히기보다는 테두리가 없는 듯한 양비양호론적 '개혁중도보수' 세력이 극보수, 극진보 세력보다 확장되어야 한국정치가 보다 성숙해지고 합리적으로 발전할 것으로 본다.

예를 들어 어떤 특정 도道나 지역에서 이러한 중도적 성향의 가치가 확장되지 않는다면, 그런 특정 도道나 지역에서는 정말 지역사회를 위해 일을 잘 해낼 정치인 후보를 뽑지 않고 한 번 정해진 정당 후보만 무조건 뽑아야 한다면, 우리나라 정치의 미래는 살았다는 이름만 있을 뿐 실상은 죽은 것이란다.

청년　아빠~ 〈환단고기〉라는 사서와 〈천부경〉이라는 경전에 그런 내용도 들어 있군요? 우리나라 국민은 우리에게 얼마나 대단한 것들이 많은지 그 소중한 가치를 잘 모를 뿐만 아니라 알려고도 안 하죠. 오히려 우리의 것을 천시하고 기피하려는 경향이 있는 것 같아요.

〈환단고기〉라는 사서를 일부 가필한 내용을 들어 모두 가짜, 사기, 사이비라고 기피하는 사람들도 있더라구요. 하지만 저는 그 반대로 우리가 배웠던, 배우고 있는 역사는 정말 정확한 기록인가? 하는 의문이 들어요. 〈환단고기〉의 역사가 대체로 진실이라면 더 근사한 역사가 될 텐데요. 어떤 나라는 없던 것도 훔쳐다 자기네 역사라고 우기던데….
우린 좀 소극적이며, 스스로의 가치를 폄하하는 경향이 있는 것 같아요.

아빠　그렇단다. 사실 그렇게 된 데에는 근대로 오면서 개명한 문명을 받아들여 전통문화와 접목하여 진일보해야 할 시점에 일제의 강제 식민지 시기를 35년간 겪은 것이 치명적 원인이란다. 일제의 치밀하고 교묘한 민족혼 말살 정책에 무방비로 노출되면서 혼백이 세뇌당한 결과, 무의식 속에 우리의 것을 천시하고 부끄러워하는 속성이 훈증되어 버렸던 거다.

　오늘날까지 우리의 교육강단에 그 일제에게 배운 식민사관을 신봉하고 전하는 학자와 교수들이 득세하고 있다. 뿐만 아니라 식민사관에 의해 삭제되고 '왜곡된 고대사'는 물론, '식민사관적 용어들'까지 그대로 가르치는 우리 교육계 현실이 더 안타깝고 분하구나.

그때 대한민국 건국이 없었다면?

아빠 故노무현 대통령에 대해 얘기했으니, 건국 대통령인 이승만 초대 대통령을 예로 들어서 우리 사회 관점의 전환을 한번 얘기해 보자. 개혁이나 진보라고 자칭하는 사람들이나 칼 마르크스와 엥겔스 그리고 이른바 레닌 이데올로기의 '갈라파고스적'인 사람들이나 과거 민주화운동을 하던 사람들 중의 일부는 4·19민주혁명이 일어나게 한 故 이승만 대통령의 실패한 면만 부각하고 있다.

더욱이 1948년 8월 15일을 '대한민국 건국일'로 인정하지 않고 '대한민국 정부수립일'로 격하하려는 경향의 사람들도 있고, 일부는 상해 임시정부를 세운 1919년 4월 13일을 건국일로 주장하더구나. 물론 상해 임시정부는 존경스러운 독립활동을 전개하여 역사적인 큰 획을 그었다 하지만, 국가의 4대 기본요건 중에 영토, 국민, 주권을 가지지 못했고, 사실 최소기준인 영토나 국민의 주권에 의한 인정도 갖추지 못한 독립군 단체였거나, 그분들의 말 그대로 '임시'정부였던 것이다.

청년 아빠, 그렇네요. 그 당시 스스로 '임시'정부라고 한 것은 훗날 정식 대한민국을 건국한다는 암시 같은 건가요?

아빠 그렇단다. 1919년 '3·1 독립만세절'을 전후하여 시대상황을 살펴볼 필요가 있단다. 아빠는 '3·1절'이나, '3·1운동'이라는 용어는 그 뜻과 목적이 불분명하고 영어로 쓰면 그냥 스포츠 운동 같아서 안 좋아한단다. 그래서 '3·1 독립만세절'이라고 스스로 이름 지어 부른다.

청년 아빠, 뜻이 확실하고 괜찮은 용어인 것 같은데요? 3·1절보다 3·1 독립만세절이라고 하니 그 의미가 더욱 부각되는 것 같아요.

아빠 그 시대 상해 임시정부 태동의 일등공신은 예관 신규식 선생이다. 그 당시 의병운동이 실패하자 현재 가치로 따지면 10억 원의 막대한 자금을 체계적인 독립운동의 기초를 닦는 일에 투입했다. 그는 '동제사'를 만들어 독립군을 양성하고 이상설을 추대하여 '신한혁명당'도 만들고, 박은식과 함께 '대동보국단'도 만들었다. 특히 여운형 등과 '신한청년당'을 만들기도 했다. 결국 이 단체들이 합쳐져 상해 임시정부의 모태가 된다. 1919년 3월 초순쯤 상해에 임시사무실을 얻자 각지에서 독립지사들이 모여들었다.[64]

그렇게 상해에 인재들이 모여 거사를 준비하던 중, 뜻밖에도 1919년 3월 17일 러시아에서 '한족중앙회'의 리더 문창범이 '대한국민회의'를 구성하고 정부수립을 세계에 선포하는 일이 생겼다. 국내에 있던 손병희를 대통령으로 위촉하고, 미국에 있던 이승만을 국무총리로 위촉하면서 선수를 치는 일이 있었단다. 그뿐 아니라 그 당시에 '한성 임시정부'와 '간도 임시정부'까지 존재했다.

그러자 당황한 상해의 열사들은 1919년 4월 13일 오전 10시 각계 대표로 '임시의정원'이 구성되고 의정원은 국호를 '대한민국'으로 하고 '민주공화제'를 채택했다. 동시에 국무총리에 이승만을, 내무장관에는 안창호 등등을 위촉하며 세계에 '대한민국 임시정부'가 수립되었음을 선포하기에 이르렀다.[65]

청년　아빠~ 그렇다면 그 시대에 여러 개의 '임시정부'가 결성되고 선포되었네요? 그러면 그 임시정부들을 우리나라 건국이나 정부수립으로 할 수도 없는 것 아닌가요?

아빠　그래, 그러나 '상해 임시정부'가 그 중에 가장 체계적인 준비를 했기에 민족적 정당성을 확보한 것이란다. 그리고 22년 후 1941년에 '상해 임시정부'는 '건국강령'을 발표했다.[66] 그로부터 4년 후인 1945년 12월 17~19일(3회) 〈동아일보〉에 1941년 발표한 '건국강령'에 대한 해설기사가 실렸다. '건국강령'이란 "광복 후 민족국가 건설에 대한 '총체적인 계획'으로 임시정부가 독립운동을 추진하는 목표"

라고 설명하고 있단다. 또한 독립기념관 홈페이지에도 그와 같이 나와 있다.[67]

이로 보건대 1919년 상해 임시정부를 대한민국 건국으로 볼 수 없는 몇 가지 이유를 설명해 주마.

첫째, '임시정부'라는 타이틀을 스스로 설정한 것은 아직 참된 '대한민국 건국'은 아니라는 것을 전제한, 말 그대로 '임시정부'인 것이다. 그렇지 않으면 망명정부여야 하겠지?

둘째, '건국강령' 발표는 여전히 '건국'을 준비하고 '계획'하고 있다고 '임시정부' 스스로 밝힌 것이다. 1919년 건국했다면 다시 건국강령으로 민족국가 건국을 '계획할 이유'가 없는 것이지.

청년　아~ 정말 그렇네요. 말 그대로 임시정부이고 정식 건국을 준비하고 계획하는 단계였다고 보는 것이 합리적이네요.

아빠　그리고 '상해 임시정부'가 '제헌헌법'의 기초를 만든 것도 사실이다. 그 제헌헌법을 개정하여 1948년 8월 15일 '대한민국 건국'을 하면서 헌법 전문에는 "기미년 3·1운동으로 건립된 '대한민국 임시정부'의 법통을 계승하고…"라고 나와 있다.

우리 사회의 많은 사람들이 우리나라 헌법 전문의 이 구절을 인용해서 1919년에 이미 대한민국 건국을 했고, 그 '임시정부'의 '국호'와 '국기', '제헌헌법'의 법통을 계승한 것이라고 주장하기도 한단다. 거기에 하나 더 보태서 '상해 임시정부'의 이 선포로 인해 북한을 포함한 조선반도 전체가 대한민국의 영토이고, 그로 인해 한반도의 유일한 합법국가라고 말하기도 한다.[68] 그래서 이 논지에 근거하여 요즘도 일부 유력 정치인들과 일부 학자들은 우리 영토 안에서 정부를 참칭하는 북한이 반국가단체라는 논리를 편단다.

하지만 이 논리는 모순을 안고 있음을 이제라도 국민적 자각의 기회가 있어야 한다. 대한민국 헌법 전문에서 '임시정부'를 계승했다고 하여 '임시정부'가 '건국'이 되는 것은 아니란다.

셋째, 하나의 비유를 들어보마. 우리 사회에서 어떤 단체를 결성할 때 먼저 '발기인 대회'를 한단다. 그 발기인 대회에서 주체자와 정관회칙을 초안하고 명칭과 조직도를 구상한다. 대부분의 핵심사항은 이때 거의 갖춰지지만, 결정적인 '창립대회'가 그 단체의 명실공히 창립이자 시작인 것이다. 우리나라의 건국도 이와 거의 똑같단다. 상해의 '임시정부'는 대한민국의 '발기인 대회'와 같은 것이다. 그 노력과 희생의 결과로 1948년 8월 15일 대한민국의 건국 '창립대회'에서 1919년 4월 13일의 '발기인 대회'를 '계승'하는 것은 당연한 일이자 수순이 아니겠니? 그래서 헌법 전문에 기미년 3·1운동으로 건립된 '대한민국 임시정부'의 법통을 계승한다고 명시한 것이다.

끝으로 1919년 '상해 임시정부'의 선포 때에는 한반도에 북한이나 남한은 없었다. 남의 나라 땅에서 국가를 외치는 것은 공허한 것일 수도 있다. 그러나 1948년 8월 15일 '대한민국 건국'은 영토가 있고, 헌법과 주권, 국민이라는 4대 요소가 다 갖춰진 상태에서, 지금은 잃어버린 '북간도를 포함한' 한반도 전역에 대한 '대한민국 건국 선포'였던 것이다.

김일성은 그로부터 24일 후인 1948년 9월 9일 북쪽 지역에서 '조선민주주의인민공화국'이라는 정부를 수립했다.[69] 우리가 한반도에서 조건을 다 갖춘 '대한민국'이라는 나라를 '먼저' 선포했기에 북한이 반국가단체인 것이지, '상해 임시정부'가 남의 나라 땅에서 국가의 기본조건도 다 갖추지 못한 채로, 몇 년 '먼저' 선포했다고 북한이 반국가단체가 된다는 논지는, 건국 조건도 완비하지 못한 상황을 볼 때 오히려 설득력이 없다고 생각되는구나.

그럼에도 불구하고 어떤 학자들이나 종교인들과 일부 정치인들이 '1948년 8월 15일'을 대한민국 '건국일'이 아닌 '정부수립일'이라고 주장하고 있다.[70] 거기에 더해 1948년 건국을 말하는 이들을 수구적 보수우파, 즉 수구꼴통이라며 담을 쌓아버린다. 그런 주장은 그분들이 의도하든 의도하지 않았든, 북한 정부를 인정하는 함정에 빠지게 된단다. 큰 틀에서의 대한민국이 북쪽에는 김일성 정권과 남쪽에는 이승만 정권이 생겼다는 의미를 부여하고자 하는, 속뜻이 숨어 있을 수도 있다는 불필요한 의심을 사게 된다.

정체성의 계보

청년　아빠, 대체적으로 진보좌파들이 그런 주장을 강력하게 하는데 무슨 이유가 있을까요?

아빠　그래, 좋은 지적이구나. 사실 탁 터놓으면 별것 아닐 수도 있는데…. 어떤 이들에게는 자신의 정체성과 존재 자체에 대한, 근본 뿌리가 흔들린다고 생각할 수도 있는 일이기 때문이다. 지금의 역사 교과서에 대한 국·검정 문제의 갈등 내면에 잠재된 괴리의 진면목이기도 한 것이지만 말이다.

한마디로 하면 자신들의 '정체성의 계보(?)' 같은 것인데, 한국 현대 정치사의 보수우파 계열의 대통령 라인을 이승만 - 박정희 - 전두환 - 노태우 등등 이렇게 몰아서 보수적인 정부의 한 라인이 있다고 규정하고 있다.

그에 반해 김구 - 4·19민주혁명 - 민주화 운동권 - 김대중 - 노무현, 이렇게 진보적인 정부의 한 라인이 있다고 양분해 놓고, 자신들의 정체성이 더 민주주의적이고, 대한민국 '적통의 계보'라는 암묵적 자긍심을 가지고 있다고 유추할 수 있다. 그 논리를 학습한 의식으로 인해 1948년 8월 15일 대한민국 건국을 인정하기가 싫고, 인정할 수도 없는 입장인 것이지. 그렇기에 이승만 초대 대통령을 '국부'로 인정할 수 없다고 주장하는 것이 아닐까 생각한다.

청년　아빠! 1948년 건국일을 정부수립일로 말하는 것이 북한을 정부로 간접 인정하는 것이라는 아빠의 논리는 지금껏 못 들어본 색다른 견해인데요? 그리고 이념적 이론가들의 소승적인 정체성 확립의 계보 때문에, 우리 한국사회가 갈등과 진영논리에 함몰되어 파국의 종말로 점점 가고 있다는 생각이 문득 들었어요.

새로운 화합의 계보

청년　이제라도 극좌와 극우, 보수와 진보가 자신들의 신주단지인 '정체성의 계보'를 내려놓고 다음과 같이 '새로운 화합의 계보'를 가졌으면 좋겠어요.

　일제에 대항한 유관순 열사의 3·1독립만세와 민족독립을 염원한 김구 선생의 1919년 상해 임시정부 선언을 '계승'하여 이승만 초대 대통령이 1948년 '대한민국 건국'. → 말년의 잘못된 통치와 1960년 3·15 부정선거로 1960년 4·19 민주혁명이 일어남 → 체계적이지 못한 과도정부와 북한 김일성 준동 등의 상황 발생 → 1961년 5·16 군사정변을 일으킨 박정희 대통령의 개발독재와 산업화 경제부흥 → 민주화 열풍 가운데 민주화 운동권 형성 → 박정희 대통령 암살 서거 → 1980년 5·17 쿠데타의 전두환 대통령 → 1987년 6·29 직접선거 개헌의 노태우 대통령 → 그 후 평화적 정권이양의 문민정부 김영삼 대통령

→ 드디어 야권 정권교체의 김대중 대통령 → 탈권위의 노무현 대통령 → 서울시장 청계천 신화의 이명박 대통령 → 한국 최초로 박근혜 여성 대통령 시대.

이렇게 공과를 아우르고 상처를 추스르며, 억압하고 진부해지면 스스로 혁명하고, 보수와 진보적 정권교체를 평화적으로 이루어 가고 있는 자랑스러운 '대한민국'이잖아요. 이러한 정통성을 함께 버무려 마치 세계가 사랑하는 비빔밥처럼 만들어, 하나의 현대사로 인정하면 싸울 일이 없다고 생각해요. 소승적인 '정체성의 계보'에 함몰된 이념을 비운다면, 우리 다함께 대승적으로 어깨동무할 수 있다고 소리쳐서 말하고 싶어요, 아빠!

아빠　그래, 짝! 짝! 짝! 정말 멋지고 냉철한 분별력이면서 화합의 대안책이구나. 아빠는 이승만 초대 대통령의 여러 가지 형편없는 통치행위로 4·19민주혁명이 일어나는 결말을 초래한 것은 분명 잘못한 일로 규정한다. 어떤 정치인들도 이승만 초대 대통령의 건국은 인정하지만, 나중에 민주주의의 후퇴행위로 인해 '국부國父'로 인정할 수 없다는 듯한 발언을 하더구나.

하지만 이승만 대통령의 건국이 없었다면 4·19민주혁명도 없었고, 산업화 경제부흥도 없었고, 민주운동권도 없었을 것이고, 오늘의 이 자유민주주의 대한민국도 없었을 것이다. 일제 치하에서 독립하고 이념전쟁과 강대국의 속국으로 전락할 수 있는 그 절박한 '역사의 변곡점'

에서, 대단한 정치적 감각으로 세계의 한 축인 미국을 끌어들여 건국을 이루어냈다. '정치적 순발력'이 내가 존경하는 백범 김구 선생보다는 이승만 대통령에게 좀더 있었다고 감히 생각한다. 김구 선생께서는 김일성이 남침 준비를 마무리해 가는 시점에 김일성, 박헌영 등과 민족회담을 추진하는 등 실기失期하는 면이 있었다고 본다.

청년　아빠, 좌나 우로 치우치지 않고 객관적으로 이해해 보니, 1919년 상해 임시정부 선포는 '건국의 조건'에 맞지 않고, 그분들의 표현대로 '임시정부'라는 것도 분명하네요. 김구 선생님이 민족국가 탄생을 너무나 열망한 나머지 세계적 힘의 역학 구도에서 타이밍을 놓친 반면에 이승만 대통령의 '정치적 순발력'이 돋보였다는 견해도 신선해요.

아빠　그 당시 백범 김구 선생께서는 왕조시대의 끝에서 상해 임시정부를 태동시키면서 '대한민국'이라는 국호와 '민주공화제'라고 하는 가히 혁명적 신조류를 세움으로써 왕 대신 국민이 주체가 되는 나라라는 역사적인 큰 획을 그어놓았단다. 그것이 얼마나 대단한 의식과 사상의 혁명인지를 우리 국민 대다수가 그때도, 지금도 잘 모르고 있는 현실이 안타깝구나.

　그러나 김구 선생께서는 순수한 민족주의자로서 정치적이기보다는 다소 감상적인 부분도 있었음을 인정해야 한다. 그 감상이 조선을 하나의 민족국가로서의 온전한 독립과 건국을 꿈꾸게 했지만, 그 당시 현실적 상황과 세계열강의 정치적 이익, 힘의 역학적인 구도를 간과하지 않았나 생각해 볼 수 있단다.

김구 선생께서는 "반쪽으로 쪼개진 정부라면 백 개가 생겨도 인정할 수 없다."라고 하셨으니 그렇게 하나의 민족국가만을 기다렸다면 도리어 소련 위성국가로 전락하여 우리나라 우리 민족에게 천추의 한이 생겼으리라 아빠는 생각한단다.

그렇기 때문에 아빠는 김구 선생님의 통일건국보다는 이승만 대통령의 정치적 순발력이 조금 앞서지 않았나 추론하는 거란다.

자~ 여기서 하나 물어보마. 너, 우리나라가 언제 독립했고 언제 건국했다고?

청년　우리나라는 당연히 1945년 8월 15일 독립했고 1948년 8월 15일 건국했지요.

아빠　응, 그래. 독립한 지 3년 만에 건국했구나. 그렇다면 6·25전쟁은 언제 어떻게 일어났지?

청년　에이, 아빠는~ 당연히 건국하고 2년 후인 1950년 소련의 군사무기로 무장한 김일성의 인민군이 6월 25일 새벽에 남쪽으로 쳐들어왔잖아요.

아빠　흠, 잘 알고 있구나. 너 초등학교 선생님들이 훌륭하신 분들이었나 보구나? 그 당시 독립한 후 38선 남쪽에선 대부분의 국민이 배고

품에 시달리고 무지한 가운데 방향을 잡아줄 선각자도 드물고 지식인들은 센티멘털리즘[71]에 빠져서 탁상공론만 하고 있었던 암흑시대였다. 그 당시 미국은 반소련, 반공산주의의 기치를 걸고 전세계 요충지에서 소련과 이념적·정치적·군사적 대립을 하고 있었다. 그러나 미국 국방장관 존슨이 회고[72]한 대로 미국은 대아시아 정책에서 구체적이고 일관된 정책을 수립하지 못했던 것이 아닌가 하는 견해들이 있단다.

특히 미국 국무부는 조선의 남한을 정치적으로 지정학적 가치가 있다고 주장한 반면, 군부에서는 일본의 식민국이었던 조선을 군사전략적으로 무가치하다는 견해를 주장하는 역사적 패착을 하고 있었다. 당시 미국 국방부장관에게 보낸 군부의 보고서에는 조선의 남한이 소련을 견제하기에는 거리와 안전 등 여러 상황이 일본만 못 하고 인적·공업적 자원도 주변국에 비해 미미하고 오히려 짐만 될 뿐이라는 견해를 피력했다.[73]

1945년 2월 얄타회담[74]에서 루즈벨트 대통령은 한반도 신탁통치안을 냈고, 1945년 7월 포츠담회담에서 38선을 미·소의 관할지역으로 하자고 제안하자 소련은 두 말도 없이 모두 수용했다. 그 이유는 미국은 멀리 보는 전략과 구체적 대안이 없는 상태로 눈앞의 실익만 참작한 반면, 소련은 몇 단계의 한국(조선) 공산적화 시나리오를 일관되게 마련된 상태에서 미국과의 회담에 임한 결과라고 유추할 수 있다.

그러한 때, 북쪽에서는 김일성이 소련을 두 차례나 방문하여 '민족해방전쟁'을 내세우며 소련의 군사고문단의 조련과 소련제 무기를 갖춘 신식군대를 양성하면서 1948년 9월 9일 북한에 '조선민주주의인민공화국'을 수립했다.[75] 김일성과 박헌영은 극비로 스탈린을 면담하고 '선제타격작전'을 수립하기 시작했던 거란다.[76]

청년　민주주의와 공산주의, 미국과 소련이라는 최강대국의 힘의 역학적 구도가 첨예한 시대상황 속에 우리나라가 있었군요.

아빠　바로 그러한 때에, 남한에서는 이승만 대통령이 미국을 끌어들여 김일성, 박헌영보다 24일 빠른 1948년 8월 15일에 건국을 하고 미국에게 방위보장[77] 태평양동맹 결성, 무기 군사원조를 지속적으로 요구했단다. 유럽 쪽 전선에 집중한 전략에 비해 남한에 대한 미국의 어정쩡한 태도와 미군부의 근시안적인 평가로 엉덩이를 빼고 있던 미국을, 이승만 대통령이 끌어들이지 않았다면 그 당시 한반도의 운명은 어찌되었을까?

　진보 측 일부 사람들은 미국의 그러한 힘의 논리로 우리나라가 그 당시 통일된 국가를 만들지 못한 책임이 있다느니 하면서 논리를 세우고 있다. 또한 권력을 잡은 이승만과 김일성이 김구 선생의 하나의 민족국가 건설을 바라지 않아 통일국가 탄생이 안 되었다고 이승만과 김일성을 동일시하는 견해를 피력하는 이들도 상당히 많다. 아빠는 사시적인 그 논리와 거시적이지 못한 그 논리대로라면, 당시 현실에서 '적화통일된 공산주의 조선'이 탄생했으리라 본다.

　그러나 이제 와서 그런 논리들을 따져서 보수(수꼴?)니 진보(좌꼴?)

니 편 가르기 갈등을 유발하기보다는, 힘 없고 시대 변화에 둔감하여 깨어 있지 못했던 지난날의 실수를 먼저 자성해야 하리라 본다. 강대국들의 자국 이익이 기본인 정책을 탓하거나, 국민분열을 조장할 수도 있는 역대 대통령과 정부의 '과過'(과오)만 부각하면 뭘 하겠니? 그래서 이제는 역사의 큰 변곡점에서, 역대 대통령들의 역할에 '공功'을 부각하는 평가를 해보자고 보수 · 진보 양진영에 제안하는 거란다. 그래야만이 지금의 동북아 정세 속에서 과거와 같은 비극의 실패를 되풀이하지 않을 수 있기 때문이란다.

건국한 지 2년 만에 6·25 동란 발생

아빠　그런 관점에서 아빠가 너에게 묻고 싶다. 건국한 지 불과 1년 10개월 후에 북한 김일성이 쳐들어 내려올 텐데, 이승만이 건국하여 미국을 끌어들이지 않았다면 과연 우리 남쪽은 어떤 대항을 할 수 있었을까? 건국을 하지 않았다면 2년 동안 우리 남쪽은 무엇을 준비할 수 있었을까? 그 2년 후 1950년 이 땅에 어떤 일이 벌어져서 역사가 어찌 되었을 것 같은지 말해보거라.

　혹자들이 '역사에 가정은 없다'라고 말한다만 그 말은 다른 의미이거나 아니면 수정되어야 할 말이다. 왜냐하면 역사에 가정이 없다면, 역사를 통해 배우는 것도 없고 반면교사를 삼아 더 합리적인 역사를 만들 수도 없지 않니? 역사에 '가정이라는 덧칠'을 해보아야 역사의 그늘에 숨어 있는 진실이 보일 수도 있기 때문이다.

청년　아빠~ 그렇게 연대기별로 듣고 보니 결과가 선명해지네요. 당연히 우리나라는 공산화되어 소련의 위성국가들 중 하나가 되었겠어요. 동유럽과 아시아에 걸쳐 있는 경제적으로 어렵고 민족문화도 약화된 나라들처럼 되었을 가능성이 100%네요. 어휴~ 지금의 북한 상황을 보면 명확한 역사적 사실이지요. 역사의 큰 줄기가 바뀌는 변곡점마다 강대국의 정치적 힘의 논리가 겹겹이 숨어 있음을 간파하지 못해 시대의 굴곡을 온 국민이 겪는 불행이 두 번 다시는 없어야겠어요.

아빠　그래, 그렇게 양비양호론적 관점으로 보니까 이승만 초대 대통령이 나중에 잘못한 것도 많지만, 그 역사의 변곡점에서 대한민국을 건국한 사실만으로도 한 50~60점쯤 줄 만하지 않니?

청년　아빠! 이제 저는 대한민국 건국과 정부수립이 어떤 차이가 있는지 알았어요. 외교와 정치가 나라의 힘과 각종 이익에 부합된 논리에 의해서 이합집산되는 것임을 역사를 통해 조금 느꼈어요.
　우리나라가 미 국무부의 판단처럼 정치 전략적 가치가 있다는 것을 반세기 만에 이데올로기 승리와 민주 정치적인 승리, 경제적인 승리, 군사 지정학적인 승리라는 전리품을 미국에게 안긴 유일한 '적자嫡子' 나라가 된 거죠. 그러니 미국에게 한국은 자랑스러운 혈맹이자 '승리의 월계관'이니 우리나라의 외교와 정치는 미국을 싫어하거나 멀리할 이유가 없고 또한 두려워할 일도 전혀 없지요. 서로의 이익과 명분을 잘 활용하여 통일의 기초를 닦고 통일된 대한민국과 동행하는 친구가 되도록 하는 것이 진정한 정치술이고 외교술이라고 생각해요.

비록 이승만 초대 대통령이 나중에 큰 잘못을 저질렀지만, 공산화된 통일이 아닌 자유민주주의로 경제 기적을 이룬 대한민국의 시작을 마련한 공로가 크다고 할 수 있어요. 그래서 이제 우리 국민들도 '과'보다는 '공'을 인정해야 할 때가 온 것 같아요. 그래서 저는 '국부國父'라는 칭호와 함께 이승만 건국 대통령께 한 52점쯤 주고 싶어요.

아빠   그래, 너무도 멋진 생각이구나. 이승만 대통령이 저지른 잘못을 강하게 비판하는 이들이 상당히 많다. 하지만 그런 사람들이 존경한다는 어떤 대통령을, 그 반대편 의견을 가진 사람들도 똑같이 그 대통령의 '과오'와 잘못한 부분들에 대한 성토가 없겠니? 그러한 반목의 시각은 양측 진영 서로가 똑같고, 끝도 없이 대한민국을 갉아먹는 '미련한 소모전'일 뿐이다. 그래서 아빠는 서로 이념을 비우고, 조금씩 이해하고 배려하는 사고를 갖자고 호소하는 거란다.

일부 대학생들과 젊은이들, 심지어는 지성인이라는 사람들조차 '미국 물러가라'는 어처구니없고 대책 없는 유아기적 행동들을 하더라. 지금 우리나라는 엄연히 휴전 중인 국가이고 북한의 핵무기와 장거리 미사일, 신형방사포, 잠수함, 화학, 생물무기 등 비대칭 전력의 강화로 전쟁위협이 상존하는 현실이다.

비록 전쟁은 억지가 된다 하더라도 협상 테이블에서 힘의 우위를

점한 쪽이 주도권을 쥐는 것은 상식이다. 그래서 모든 나라가 다 힘을 가지려 하는 거란다. 힘을 바탕으로 한 평화와 협상, 자유를 논하는 것이 현실이자 정치의 기본이다.

작금의 동북아 정세에서 중국과 북한은 휴전 당사자인 미국과 북한이 종전을 선언하고 '평화협정'을 맺자고 요구하고 있다. 그 논리에 부화뇌동하는 지식인들은 중요한 하나를 빠뜨리고 있다. 과거 휴전협정서 서명시 한국은 전쟁 당사자였음에도 그 자리에 끼지도 못한 힘 없는 나라였단다. 그러니 지금 '평화협정'을 맺으면 북한의 의도대로 미국과 미군은 즉시 철수해야 한다. 그러면 북한은 언제든지 3~4일 만에 대한민국을 점령할 수도 있다. 비대칭 전술무기로 30분 만에 수도권을 초토화시키고 후방 중요기지와 도시에 미사일을 쏘아대면, 현재 우리 국민들의 약화된 안보의식으로는 혼비백산하여 아비규환이 될 것이다. 그러면 바로 우리 국민들은 북한의 인질이 되어버린다.

과거 6·25전쟁 때 부산으로 들어온 연합군의 진격으로 다시 서울을 탈환한 것 같은 전쟁은 이제 없다. 바로 전 국민이 인질이 되기 때문에 이미 철수해 버린 미군은 한국 내전에 개입할 명분도, 기회도 없는 것이다. 바로 이러한 전략이 북한의 일관된 '대남적화통일 전략'이란다. 우리 정치인들과 청년들이 이런 심층적인 정세를 통찰하여 북한의 농간에 놀아나지 않기를 바란다.

2012~2013년 우리나라 국방비가 GDP 기준 2.6%로 약 33조 원이고 정부 예산 대비로는 14.8%의 높은 지출을 차지한단다.[78] 전시임을

감안하고 지금의 북한에서 핵무기에 대륙간 탄도탄은 물론 미국과 중국, 러시아까지도 통제가 안 되는 김정은 북한을 냉정하게 계산해 보아라. 이 상황에서 우리의 안보를 스스로 지키려면, 한국의 국방비는 이스라엘79)(6.5%)의 GDP 기준 65%인 4.23%는 되어야 자주국방을 겨우 논할 수 있는 현실이다. 그런데 미군을 철수시키자고 주장하는 사람들이 있다. 그들의 감정적이고 단순한 요구대로 한다면 천문학적으로 높아질 국방비는 누구 주머니에서 나와야 하겠니? 너희들 학자금도 낮추질 못하고 있는 판에, 미국 물러가라, 평화협정 맺으라고 외치는 사람들은 도대체 무슨 생각을 하고 있는지 모르겠구나.

기왕에 말이 나온 김에 지금 북한의 돌발행동으로 정부에서는 개성공단 폐쇄 등의 강경조치를 취하고, 미군 사드 배치 협의 등으로 대처했다. 이제부터라도 여야 정치인들은 물론, 전국민은 국가안보에 관한 모든 역대정부 자체를 믿고 지지해 주어야 한다. 과거 평화적 대화를 추구할 때는 그만한 상황이었고, 강력한 대응을 할 때는 그만한 상황이었던 것 아니겠니? 어떤 대통령, 어떤 정부가 나라를 해치고 국민을 죽게 하려고 정책을 실행하겠니? 과거의 정책은 무조건 실패라거나 잘못되었다고 성토하는 것은 너무 단견이라고 생각한다. 모든 것이 때와 기한이 있어서 그에 따른 대응방안을 각 정부마다 수행하는 것이다.

어떤 이들은 미군의 사드 배치를 단순계산으로만 생각하지만, 그것은 북한과 중국 사이에서 우리 정부의 미묘하고 심층다각적인 계산과 이해가 얽혀 있음을 간과한 것이다. 북한의 중·장거리 미사일 10억

~20억짜리를 110억짜리 미사일로 맞추니 불합리하고 손해라는 말도 하더라.[80] 그분들은 북한의 10억짜리 미사일이 서울이나 중요도시에 떨어져 발생하는 인명살상과 파괴는 몇 천억 이상이라는 사실을 정말 모를까?

만약 내 자식이 학교에 다니면서 불량 청소년에게 매일 맞거나 용돈을 빼앗기면서 인격적 모욕까지 받는다면, 부모는 어찌해야 하겠니? '대화와 타협(?)'으로 아이에게 매일 5,000원씩 쥐어서 학교에 보내야 할까? 물론 한두 번은 그럴 수도 있겠지만, 항구적인 대책은 역시 태권도나 이종격투기 도장에 자녀를 보내어 스스로 몸과 정신적 대응력을 키우는 것이 현명한 행동이다.

청년 아빠~ 맞아요. 우리 학생들 중에도 무조건 미국을 싫어하는 친구들도 있지만 좀더 실용주의 외교적 마인드를 가질 필요가 있다고 생각하는 친구들이 훨씬 많으니 크게 걱정할 필요는 없을 것 같아요. 그리고 이제는 상식이 통하지 않는 국가안보 비상시국임을 감안하면 스스로 힘을 키우는 지혜가 필요한 시점이라고 생각해요.

아빠 아까 네가 질문했듯이 역대 대통령들을 진영논리에 함몰되어 편향된 시각으로 마치 적국의 원수처럼 볼 게 아니다. 공과를 공평한 저울추로 달되 '모두가 다 우리의 대통령'이고 우리의 지도자였다는 생각을 가져야 한다. 내 눈의 들보를 먼저 생각하면서 애정 있는 관점으로 본다면 이 사회의 갈등 요소가 현저히 줄어들 것이다.

청년　알겠어요, 아빠. 지금 이 시대에 절대 필요한 것은 화합의 가치인 것 같아요.

친일 인명부의 반대급부적 반성

아빠　내 눈의 들보를 말한 김에 하나만 더 얘기하자. 어떤 이들은 일제시대 문화 예술인들이나 경제인, 관료를 했던 사람들 중에 친일 행위를 한 사람들의 인명부를 만들며 친일청산을 외치고 있다. 아빠는 그 시대 목숨을 부지하기 위해 친일 행적이나 미필적 고의로 친일 동조한 나약한 이들의 행동을 두둔하고 싶은 생각은 추호도 없다. 다만 이 시대 우리들에게 먼저 묻고 싶다.

그 질곡의 시대, 일제의 탄압과 회유에 굴하지 않고 목숨은 물론 자신의 목숨보다도 더 아픈 부모, 처자식의 고통까지도 감내하며 저항했던 독립군들과 순국열사들이 있다. 그리고 이름도, 기록도 없이 스러져 간 애국투사들과 그 후손들, 힘없는 조국인 탓에 시베리아 벌판에서 얼어 죽어간 까레이스키(고려인), 일본의 섬과 탄광에서 강제노동에 시달리다 원혼이 된 동포들에게 우리는 과연 무엇을 해주었는가? 그리도 전가戰家의 보도寶刀처럼 휘두르는 친일청산을 외치는 만큼 애국투사들과 그들의 희생이 대물림된 후손들의 아픔과 고통을 위로하고 보상해 주는 것이 얼마나 있었는지? 그 시대 친일하지 않고 저항한 것이 얼마나 위대하고 숭고한 희생인지 백배, 천배를 갚으면서 저항하지 못한 이들에게 반성을 권해야 하지 않느냐고 반문하고 싶다.

청년   아빠! 반성의 마음이 들어요. 혹시 우리 사회가 친일세력에 대한 질시만을 즐긴 것(?)은 아닌지, 정말 그렇게 타협하지 않은 순국 선열들과 후손들에게 무관심하고 돌아보지 못했다는 사실을 새삼 깨닫게 돼요. 스스로 독립군과 그 후손에 대한 존중과 우대를 하고 나서야 튼튼한 명분이 생길 것 같다는 생각을 조심스레 해봐요.

'개발독재'는 옳은 목적의 독재였다?!

아빠　　우리 사회의 양극단의 이념대결이나 민족공동체로서 화합을 저해하는 두 파벌이 있는데, 한쪽은 박정희 전 대통령을 추종하는 집단이고 다른 한쪽은 김대중 전 대통령을 추종하는 집단이란다. 사실 그 두 분은 서로 싸우는 정적이면서 동시에 서로를 인정하는 면이 있었다고 생각한다. 어쩌면 그 두 분이 문제가 아니라 그 추종 세력들이 자신들의 입지와 영달을 유지하기 위해, 국민을 위한다는 미명하에 그 두 분의 어떠함과 이름을 이용해 끊임없이 싸움의 동력을 생산하고 있는 것은 아닐까? 마치 조선시대의 당파싸움과 같은 것이지. 이제는 성숙해진 우리 국민들이 합리적인 시각으로 돌아봐야 할 것이다.

청년　　아빠, 항상 그게 문제인 것 같아요. 강력한 대장을 추종하면서

"주군이 최고입니다. 주군 없이는 나라가 망합니다."라고 간언하며 은 근 슬쩍 자신들도 8부 능선 위에서 군림하려는 것이 문제죠.

아빠 박정희 전 대통령을 공격하는 이들도 그 시절 어려운 고초를 겪으며 한이 쌓였겠지만, 그들 스스로가 자신들도 모르게 박정희 대통령 시절을 그냥 '독재'가 아닌 '개발독재'라고 말하고 있더라. 수십 년간 보수와 진보 양진영이 이 '개발독재'라는 개념에 이의를 제기하지 않고 본능적으로 경제성장의 업적이 있는 독재였음을 '개발독재'라는 개념으로 부르게 된 것이 아닐까 생각한다.

전세계 역사에서 수많은 독재자들의 종말과 그 치부의 세월을 파헤쳐본 결과, 독재자들은 오직 자신들의 부와 방탕한 삶을 위해 국민의 고혈로 자신들을 살찌웠음이 만천하에 드러났다. 그러나 박정희 전 대통령은 자신의 부를 쌓기보다는 가난한 나라의 경제적 부흥을 위한 기초체질을 강화하는 데 전 인생을 걸었던 것이 증명되었지 않니?[81] 다시 말해서 그냥 '독재'와 '개발독재'는 자신의 영달을 위했느냐, 국민의 영달을 위했느냐로 판가름 나는 것이다.

이런 사실을 그 시절 수혜를 받은 부류나 피해를 입은 부류 모두가 본능적으로 느끼고 있기에 '개발독재'라는 어떤 '목적형 용어'가 탄생한 것이라고 본단다. 그 '개발독재'의 결과물이 우리나라에서 현재까지도 그 수혜가 확실하게 존재하고 있음을 부인할 수 없다. 물론 동시에 '부작용의 피해'와 '상처의 흉터' 역시 현존하고 있음도 우리는 결코 잊어서는 안 되겠지?

청년   아빠! 저도 대학에 막 들어갔을 때는 막연히 진보적 성향의 말로 현 정부와 과거 정부를 비판해야 시대를 앞서가는 지성인이라고 생각했던 게 사실이에요. 그런데 3학년쯤 되니, 과거 경제성장을 획기적으로 해냈던 박통(?)이 한 80점쯤 되는 정치지도자라고 친구들과 얘기하기 시작했어요. 세상의 쓴맛을 예감했다고나 할까요?

진보개혁의 진정한 아이콘

청년   특히 재미있는 것은 지금은 없어진 과거 모 정당들 중에 진보의 아이콘이라는 정치인들이 민주주의라는 구호를 가장 크게 외치면서 비민주적인 행동을 한 일이 있었지요? 자신들이 미는 사람의 당선을 위해 불법적인 방법을 동원하고, 편법적인 자금유입, 폭력적 전당대회 등등, 전혀 청렴하지도, 전혀 진보적이지도 않고, 전혀 민주주의적이지도 않았어요.

'목적'이 옳다고 '과정'이 비민주적이고 불법 또는 편법으로 해서는 안 되는 일이잖아요? 만약 그런 개혁이, 그런 민주주의가 그동안 일부 진보라는 사람들이 주장한 것이라면, 그 개혁의 아이콘은 진보 측 어떤 정치인이 아니라 바로 '박정희 전 대통령'이 진짜 '개혁 진보의 아이콘'인 것 같아요. 아무것도 없는 나라에서 진정한 개혁을 실천하여 가장 중요한 경제 기적의 '결과물'을 만들어냈으니까요. 얼마나 진보적 개혁에 매진(?)했으면 개발독재에, 잘못된 '유신헌법'까지 만드는

'편법'을 쓰면서 '목적'인 국가개혁을 완수하려고 했을까요?

아빠   아~하하하! 맞다, 맞아. 너무나 기발하고 적절한 비유구나? 정말 듣고 보니 그런 진보개혁이라면 박정희 대통령이 세계 최고구나. 중국의 경제개발 기초를 놓은 등소평조차 박정희 전 대통령의 경제개혁과 새마을운동 등을 롤 모델로 존경했다고 하니 말이다.

옛날 박통은 확실한 '결과물'이라도 있기에 우리 국민들 대다수가 '개발독재'라는 표현으로 '심정적 사면'을 해주었다. 반면에 지금의 진보나 개혁을 주장하는 사람들은 아무런 결과물도 못 만들면서, 결국은 자신들의 '권리 기득권'을 위해 싸우는 듯한 인상을 준다. 결국 그들의 잘못일 것이다.

만일 박통 시절에 아빠도 어떤 일에 잘못 연루되어 고초를 겪었다면 아빠 역시 누구 못지않은 전투적인 민주투사가 되지 않았을까? 그래서 일부 진보주의자들이나 운동권 정치인들의 과유불급한 갈등 생산조차도 심정적으로는 상당히 이해하고, 친하게 대화도 나누며 지내고 있단다. 물론 개발독재 정권의 폭거와 상처 같은 후유증을 공감하면서 말이지….

민주투사 YS

아빠   얼마 전 서거하신 김영삼 대통령에 대한 평가는 새롭게 국민들이 발견하는 부분들이 많더구나. 젊은 시절부터 바로 그 '개발독재'에 항거하여 민주주의와 노태우 전 대통령의 6·29 선언으로 직접선거를 이끌어내는 민주역사의 일등공신의 한 분이 아닌가 생각한다.

YS는 대통령이 된 후, 군부의 정치세력인 '하나회'의 해체와 경복궁 내의 일제 총독부 건물 해체, 두 전직 대통령들의 구속과 재산몰수, 광주 5·18사태를 '광주 5·18민주항쟁'으로 자리를 찾아주고, 피해 국민들의 보상과 복권 등의 법률제정, 이로써 '동서화합의 기초'를 놓은 대통령이 되었단다.

그리고 전세계가 회의적이었던 '금융실명제'를 과감히 시행했다. 퇴임 후에는 거의 전 재산을 사회에 헌납하여 품위유지에 어려움을 겪을 정도로 검소하게 살았다. 하지만 우리나라가 강력한 세계금융 앞에서 'IMF'라는 국제구제금융을 받지 않으면 디폴트(국가부도) 상태가 되는 외환위기 사건을 맞은 대통령이 되고 말았다.

청년　그래요. 사회에 큰 붕괴사고가 펑펑 터졌지만, 그거야 당대 대통령이 무슨 죄가 있겠어요? 하지만 'IMF'만은 故김영삼 대통령의 아킬레스 건인 것 같아요.

아빠　많은 국민들이 그렇게 생각하지만 아빠는 좀 다른 견해를 가지고 있단다. 모든 일과 사건의 결과에는 반드시 어떤 원인이 있단다. IMF가 오게 된 원인은 그 당시 경제관료들의 무능 탓이라고만 하기에는 무리가 있다. 사실 지금의 유럽을 보면 과거 우리나라의 국가재정

상태보다 더 열악한 상태이지만 그냥 지나가지 않니? 차라리 한국은 일찍 매를 맞은 사람처럼 김대중 대통령이 집권하면서 기업과 금융 등 체질 강화가 이뤄진 긍정적인 면도 있단다.

IMF 외환위기는 금융실명제 때문이 아닐까

아빠   다시 처음 얘기로 돌아가서, IMF가 발생한 원인은 '금융실명제' 때문이라고 본다. 각 나라에는 지하경제, 지하자금이라는 또 하나의 그림자 세계가 공존하고 있단다. 탈세를 위한 자금과 정치자금은 물론 전세계의 이면에는 우리 일반인들이 알지 못하는 세력이 있다.

우리나라에도 그러한 엄청난 지하경제 자금이 양성화되었다가 다시 음성화되는 순환이 세계적인 메카니즘에 의해 돌아가고 있었다고 유추해 보자. 그런데 다소 엉뚱한(?) 김영삼 대통령이 그 순환을 차단해 버리는 '금융실명제'를 법제화함으로써 거대한 자금운용의 흐름이 끊긴 세력과 지하경제가 당연히 존재했으리라 유추해 볼 수 있지?

그 결과 세계적인 '지하자금의 세력'이 서서히 몇 년에 걸쳐 한국을 옥죄기 시작하지 않았을까? 그 결과가 결국 국가재정과 외환부족 악화로 귀결된 것이라는 생각을 해보았단다. 그것은 작은 개발도상국인 한국으로서는 불가항력적인 일이라고 생각한다. 우리 국민들이 고통스러웠지만 '금융실명제'라는 투명하고 민주적인 금융제도의 완성을 이룬 수업료라고 보는 것이 아빠의 견해란다.

김영삼 의원이 '40대 기수론'을 제창하며 신민당 대통령 후보 출마를 선언하고 있다.(1969.11.8)

청년　아빠~ 얘기를 듣고 보니 충분히 공감할 수 있네요. 세계 경제 시장을 움직이는 그림자 정부가 있다는 책들도 많이 나와 있던데요. 그림자 정부인 프리메이슨이나 유다 신디케이트라던가? 뭐 그런 조직이 아주 오랜 역사 속에서 이어져 내려온다고 하던데, 일견 공상소설 같기도 하고, 진짜 존재할 것도 같고 그래요.

아빠　그런 분이 故김영삼 대통령이건만, 퇴임 후 생전에 어떤 대학에 강의가 예정되어 있었는데, IMF에 대한 책임을 물으며 학생회에서 정문에 진을 치고 대통령의 차량이 들어가지 못하도록 하며 난리를 친적이 있었다. 평생을 한국의 민주주의를 위해 헌신한 자신을 젊은 정신의 대학생들이 막아서고 야유를 퍼부을 때 얼마나 참담한 심정이었을까?

사망 원인이 된 신부전증이 있던 YS는 끝까지 강의하러 들어가겠다며 몇 시간을 차에서 기다렸다. 차안에서 소변을 해결하면서까지 버티다가 결국 되돌아가고 말았단다. 그때 당시 그 대학의 학생회 간부들과 학생들이 지금은 30대의 사회인이 되어 있겠구나. 그들이 지금 YS의 서거를 보면서 무슨 생각을 할지…. 그래서 우리 젊은 청년들은 지금보다는 좀더 폭넓게 포괄적이고 여유 있는 사고를 가져주었으면 좋겠다는 기대를 해본다.

청년　아빠. 그런 일이 있었군요. 저는 YS, 故김영삼 대통령께 70점쯤 주고 싶어요.

인간승리 DJ, 천년의 해원(解冤)

아빠　그 후에 평생 야당이었던 김대중 대통령이 정권을 잡으면서 천년을 이어온 백제와 전라도의 한이 해원되는 역사가 일어났다. 이제는 경상도니 전라도니 하는 묵은 껍질들을 벗어버릴 시대가 된 것이지. 노란 알이든 흰 알이든 한 어미닭이 품어 깨어난 똑같은 하나의 노란 병아리들이 우리 한민족 전체가 아니겠니!

김대중 대통령은 아주 박학다식하고 깊은 식견을 가졌고 그 인동초

김대중 대통령이 평양 순안공항에 도착, 김정일 위원장의 영접을 받고 있다.(2000. 6.13)

같은 의지력으로 결국 대통령이 되어 IMF를 극복하는 큰 성과를 거뒀다. 물론 거기에는 전국적인 금 모으기 같은 우리 대한민국 국민 모두의 하나 된 마음이 일부 과감하고 거칠었던 구조조정을 저항 없이 추진할 수 있는 명분이 된 것이지만 말이다.

그러나 아빠는 IMF 극복과 남북정상회담이나 그런 것들보다도 김대중 대통령의 가장 큰 업적은 '정치보복'을 일절 하지 않았다는 점을 정말 높이 사고 싶다. 혹자들은 북한 김정일과 정상회담을 위해 현금을 너무 많이 주었느니, 일본과의 해양협정을 잘못했느니 하며 비판하지만, 그러한 몇몇 일들을 다 덮고도 남을 만큼 '정치보복'을 하지 않은 업적과 '해원解冤의 마음'은 통일을 앞둔 대한민국이 앞으로 어떤 방향으로 나가야 할지를 보여준 것이라고 생각한다.

청년　음~ 그렇군요! 그렇다면 아빠는 김대중 대통령께 몇 점을 주고 싶으세요?

아빠　아빠는 그 쉽지 않은 '해원解寃의 심정'에 한 65~70점쯤 주고 싶구나.

청년　아빠~ 그럼 처음 질문으로 돌아가서 대통령이 어찌해야 정치를 잘하고 수없이 갈라진 국민들의 갈등을 치유할 수 있을까요?

아빠　너무 거창하게 찾을 필요 없단다. 답은 항상 질문과 함께 생겨나는 것이니까. 가슴에 속한 아주 작은 일부터 진심을 가지고 시작하면 가슴에서 나오는 지혜들이 전 국민의 가슴에서 대통령에게로 몰려오게 되어 있다.

2002년 월드컵 때를 기억해 보거라. 히딩크의 별명이 오대영이었지? 그런 그가 지연, 학연을 무시하고 사심없이 월드컵의 성공만을 목표로 하고 진심을 다하자 우리 선수들 모두와 전국민이 붉은 악마가 되어 세상을 깜짝 놀라게 하지 않았니! 한민족 역사 이래로 그렇게 온 나라가 하나가 되어 웃고 울며 뛴 적이 '3·1 독립만세절'과 광복일 때 말고는 없었다고 단언한다.

머리로는 절대 안 되는 일이다. 그런 것은 가슴으로만 가능한 일이란다. 분명한 목표가 있는 냉철한 비전과 함께 국민을 감동시키고 설레게 할 뜨거운 가슴을 가진 지도자들이 정치계에도 많이 나타나기를 간절히 소망한다.

청와대에 '민생 암행어사 특보단'을 임명하자

아빠　대통령은 조선시대의 좋은 제도인 신문고와 과거제도, 암행어사 제도를 벤치마킹할 필요가 있다. 청와대에 대통령 특보단을 만들되 과거나 지금처럼 지식인, 정치인, 판·검사, 관료 출신 등을 특보로 선임하면 기존 비서실과 권력기관의 '이익집단' 들과의 여러 가지 상충, 견제로 인해 전혀 효과를 볼 수 없을 것이다.

　차라리 대통령은 일반 국민들의 '각종 직업군'에서 1년 임기의 특보를 선출하면 매년 선출 때마다 전국민의 관심이 청와대로 몰리는 홍보 효과와 지지도 상승효과가 생긴다. 예를 들면 택시기사, 치킨집 사장, 샐러리맨, 공인중개사, 무역오퍼상, 소규모 건축업자, 청년실업자, 명퇴실업자, 연예인, 연근해 어부, 특수작물 농업인, 축산업자, 여성감정노동자, 교사, 학생 등등으로 구성한다.

그 '민생 암행어사 특보단'이 숫자가 많으면 두 팀으로 해서, 2개월에 1회씩이라도 금요일 또는 토요일 저녁에 청와대에 모이는 거다. 대통령과 허심탄회하게 세상 돌아가는 이야기를 나누고, 각종 민원과 미담은 물론 국정운영에 필요한 각종 아이디어들을 나누는 암행어사 같은 '민생 암행어사 특보단'이 요구되는 시점이다.

　　이것은 대통령 임기 동안 대통령과 소통하고 작은 아이디어라도 제공할 수 있다는 기대감과 소명감을 갖게 해주므로 국민화합의 기폭제로 자라날 거라고 확신한다.

　　혹자는 대통령이 크고 중차대한 국정 업무가 산재한데 그런 자질구레한(?) 의견을 들으려고 매달 그런 시간을 들여야 하냐고 반문할 수도 있다. 하지만 그런 참모들은 진정 큰 정치는 국민들의 일상사를 누가 잘 들어주고 소통하느냐에 있음을 모르는 것이다. 이들은 외형만 화려하고 속칭 잔머리로 만든 중상모략 정치만 좇으며 '지나간 거름더미' 뒤지다가 네 옷 내 옷 다 버리고 국정운영의 동력을 다 잃고 실패를 야기하는 단견短見을 가진 사람들이란다.

청년　　아빠~ 그거 정말 쉬우면서도 아주 괜찮은 아이디어 같아요. 청와대 주변에는 워낙 잘난 사람들의 人의 장막이니까 전국의 일반 사람들이 학생부터 택시기사까지 다양한 특보단을 대통령이 만난다는 상징성만으로도 큰 효과가 있겠어요. 그것을 통해 계층간 소통, 국민과의 소통, 국민의 소리를 들어주는, 국민과 가까이 있는 대통령으로서 최고의 '정치적 이슈'를 선점하는 효과를 얻겠는데요?

명절 때 한 번씩 재래시장 가는 것보다 매년 지지도 상승 면에서도 백배는 좋을 것 같아요. 아마도 가장 허름한(?) '민생특보단'을 가진 세계 최초의 대통령이 되겠어요. 아주 기발한데요?

아빠　그렇단다. 그것이 포퓰리즘이든, 진정성 있는 정치술이든 자신의 인기유지가 아니라 국민의 마음을 얻는 행위인 것이다. 국민의 마음을 얻으면 여야 정치인이나 정부관료들은 국민의 시선이 무서워서라도 국민을 위한 개혁 어젠다에 협력하게 될 것이다.

국회의사당과 국회의원들을
세종시로 보내자

청년 아빠! 우리나라 국회의원들은 일 년 내내 싸우기만 하는 것
같아요! 정부청사를 세종시로 옮길 게 아니라 국회의사당을 세종시로
옮겼으면 좋겠어요. 아무래도 언론의 포커스가 서울보다는 지방이 덜
할 테니까요.

아빠 우~하하하… 굿 아이디어구나? 서울 한복판에 있으니 언론
의 관심을 끌려고 매일 큰소리치며 싸우는 거지, 한적한 곳에 갖다놓
으면 아마 싸우지도 않을 거야. 구경꾼이 있어야 싸울 맛이 날 텐데,
국민들의 시선 밖으로 밀려나는 게 싫어서라도 절대로 안 내려갈걸?
더욱이 세종시민들이 님비현상(?)처럼 결사반대하지 않을까? 웃자고
하는 소리다~

　정당의 국회의원이란 결국은 국가지도자들이 나오는 인재풀과 같
은 곳이란다. 아빠도 여야 국회의원들을 몇 사람 만나봤고 많은 대화
도 해보았다. 국회의원 개개인을 만나보면 아주 유능하고 물론 말도
잘하고, 사회에서 나름 성공을 경험하기도 했고 아주 괜찮은 사람들이
라는 느낌을 받았단다. 그런데 이상하게도 여의도 파란 지붕 건물 속
에만 들어가면 이른바 막말아귀(?)로 돌변하는 일이 벌어지니 터가 안

좋은 것일까?

TV에 나오는 국회의원들 얼굴을 한 번 가만히 살펴보면 많은 사람이 욕심과 고집이 가득한 '일그러진 관상'으로 변해 있음을 알 수 있다. 방송국 관련 일을 하던 어떤 사람도 그 시절의 온화한 표정은 오데없고 정치꾼의 '일그러진 관상'으로 변해 있더구나.

청년   아빠! 그 이유가 과연 무엇일까요? 사회에서 나름 성공을 경험한 지도층들이 정치에 입문하는 사례가 많은데, 그들의 인성과 소양이 부족한 것일까요?

아빠   그것도 하나의 이유가 될 수 있다. 옛날 고대 그리스에서는 음악, 미술 같은 예술과 문학은 물론 천체지리, 과학 등의 인문학적 소양을 축적하고 마지막으로 정치에 입문했으니 정치야말로 모든 것을 아우른 종합예술이라고 할 수 있단다. 사회 구조가 경쟁 위주의 체계이다 보니 학창시절부터 그러한 인성과 감성적 소양이 결여된 부분이 크게 작용하는 바도 있겠지만, 다른 더 큰 이유가 숨어 있단다.

바보야,
문제는 경제가 아니라 정치야!

아빠　미국에서 공화당의 12년간 장기집권 중에 민주당의 빌 클린턴 후보가 "바보야, 문제는 경제야!"라는 슬로건으로 승리하고 집권한 적이 있단다.[82] 그러자 오늘날 우리나라의 정치인들도 빌 클린턴 전 대통령을 벤치마킹한답시고 이 구호를 들고 나오는데, 뭘 모르고 하는 소리인지, 알고도 모르는 척하는 건지 아빠도 모르겠다.

하지만 우리 국민들이 알아야 할 것은 먼저 정치가 잘되어야 경제도 잘될 수 있다는 사실이다. 즉 콩나물 값에서부터 과자 값, 교통비, 주택 등등 경제의 그 어느 것 하나도 '정치논리'가 개입되지 않은 것은 하나도 없단다. 경제의 모든 곳에 정치의 입김과 논리가 스며 있고 작용하고 있다. 그래서 경제, 사회, 국방, 외교, 교육, 문화보다도 정치가 가장 중요하고 수준이 높아져야 할 최고봉이건만, 과거 어떤 회장님의 "기업은 이류인데 정치는 삼류"라는 어록처럼 우리나라의 정치 수준은 국민들이 다 알다시피 이른바 삼류가 맞는 것 같다는 생각이 든다.

청년　　아빠, 그렇군요? 문제는 경제가 아니라 정치군요?

아빠　　그렇단다. 이러한 정치정당과 정치인들의 끊임없는 퇴행적 행태의 가장 큰 이유는 정당이 '이익집단'이기 때문이라고 생각한다. 오늘날 현대 국가와 사회는 크게 4종류의 '이익집단'에 의해 영위되고 있다고 해도 과언이 아닐 것이다.

1. 정부와 기관 관료
2. 정당(정치인)
3. 자본기업
4. 언론 및 각종 단체(경제단체, 노조단체, 시민단체)

이렇게 4종류의 '이익집단'이 자신들의 이익을 위해 행정부, 입법부, 사법부의 3개축을 앞세워 싸우는 모습이 현실 정당정치의 진정한 단면일 것이다. 이 각축장에서 국민이란 추상적(?) 권력은 마치 여왕개미처럼 희망이라는 안경을 쓰고 끊임없이 저 '이익집단'들의 밑 터진 자루를 채워주며 사는 것 같아 쓸쓸한 비애감도 드는구나.

정치는 나눠먹기의 미학

아빠　예를 하나 들어주마. 국회의원이 입법을 발의하는 기본 임무를 수행할 때에도 저 4개 이익집단의 이익이 숨어 있다. 누군가의 철저한 계산과 오랜 기간 사전 계획과 설계에 의해 법이 만들어지고 집행되는 일이 비일비재하단다.

그때 그 4개의 이익집단들이 서로 자기 진영의 이익을 위해 온갖 권모술수와 물밑 타협, 불공정한 공권력 사용, 언론플레이, 자본 옥죄기 등등의 암투가 벌어지는 거지. 그래서 상대 당에서 제시한 그 어떤 법률, 그 어떤 정책도 다 그런 이익의 분배와 향방을 계산하면서, 입으로는 서로가 국민의 뜻이고 국민을 위한다고, 주권은 국민에게 있고 권력은 국민에게서 나온다고 입에 침도 안 바르고 외치고 있다.

하지만 속셈은 자신이 속한 이익집단의 이익을 위해 2:8이냐, 3:7이냐, 아님 4:6이냐의 나눠먹기를 놓고 서로 물고 뜯고 싸울 수밖에 없는 것이 현실 정당정치의 어두운 면이라고 할 수 있단다. 역설적으로 보면 이른바 '정치는 나눠먹기의 미학美學'일 수도 있겠구나.

청년　우아~ 살벌한데요? 그 '이익집단'이라는 개념이 아주 실감나게 와 닿아요. 그것이 자본주의 시장경제체제의 태생적 한계라면 정당과 국회의원들의 싸움도 어느 정도는 이해되는 부분이 있겠어요.

아빠　그렇지. 항상 그렇게 생각하는 '이해'와 '절충의 마인드'를 가져야 한다. '도 아니면 모' 식이거나 '내 편 아니면 모두 적'으로 돌리는 편협하고 극단적인 양태야말로 지양해야 할 '민주주의의 적'이고 독약이다. 어떤 정치인들은 과거 정부나 상대 당을 자기 이념과 정체성에 안 맞는다고 절대 부정을 하며 자극적인 용어로 편 가르기 싸움을 하고 있다. 자신의 이익에 반하면 비록 자기 정당 정치인이라 할지라도 물고 씹는단다.

이런 눈 몰린 '가자미(?) 같은 정치꾼들', 블로거들, 정치성향 학자들 때문에 국론이 분열되고 지역갈등, 계층간 갈등, 세대간 갈등이 더 악화되는 것을 현명한 국민들이 깨우쳐야 정치가 변할 텐데 말이다.

어떤 이들은 수구꼴통(?)들 하고는 말도 섞을 수 없다며 막말들을 쏟아내곤 한다. 또 어떤 이들은 좌빨꼴통(?)들 하고는 한 국가 안에서 절대 상종 못 하겠다고 숨통이 턱턱 막히는 억지 막말을 한다. 그러면서 상대 당이나 정부를 향해 불통이라고 서로 손가락질하지만 사실은 그 말을 하는 자신들이 이미 불통이지 않니? 이른바 '수꼴'이나 '좌꼴' 하고는 상종도 안 하겠다는 그 생각이 바로, 이미 근본적인 '불통 자체'이기 때문이란다. 그런 사람, 그런 정당이 집권하면 그 반대의 국민들과는 어떻게 소통하겠니? 그 모순 때문에 점잖은 사람도 저 국회에만 가면 저렇게 돌변을 하고 있는 거란다.

청년　아빠! 그래서 '국회선진화법'이란 걸 만든 게 아닌가요?

정당 의원 숫자는
국민 여론조사의 완결판이다

아빠　　국회 역사에서 여소야대든 여대야소든 간에, 야권이 소수 의석으로 다수의 여권 의석을 무시하고 힘과 여론몰이로 사사건건 국정의 발목을 잡기도 하고, 여권이 여대야소를 악용하여 정치적 배려와 조율 없이 밀어붙이기식 입법 통과를 하기도 했다. 그 와중에 공중부양에 최루탄, 소화기는 물론 커다란 해머까지 등장했다. 그러자 그들 표현대로 야만적이고 동물적인 정치판이 되었다.

　그러다 보니 서로 싸우지 말자며 국회선진화법이란 '어처구니 법'을 발의하기에 이르렀다. 여야 국회의원들이 얼떨결에 통과시켰고, 누구 탓이라고 할 것도 없이, 어처구니(손잡이)는 없고 맷돌만 있는 얼빵한(?) 법이 되고 말았단다. 그래놓고는 지금 와서 놀고먹는 식물국회가 되었다고 한탄하면서 네 탓 내 탓에, 개정을 하자느니 헌법소원을 하여 폐기하자느니 하고 있단다.

국회선진화법은 국회가 '불법을 창조'한 것

아빠　당연히 그 법이 위헌으로 판결이 나겠지만, 노파심에서 한마디한다면 민주주의의 꽃은 다수결 원칙이다. 의회 민주주의를 위해 국민이 선출하고 뽑은 민의와 민주주의가 바로 다수의 원칙으로 선출된 국회의원들인 것이다. 국회國會라는 말은 '나라의 회'라는 말이 아니라 '국민대표자회의'라는 뜻이다. 그런데 국회의원들은 마치 '나라의 회'처럼 군림하려 하는 것 같더라.

국회와 정당의 국회의원 숫자는 결국 국민 여론조사의 완결판이라고 할 수 있다. 그런데 국회의원 수가 적은 정당이 물리적 힘으로 다수당의 입법행위를 저지하는 것은 국민의 민의를 어기는 것이고, 그것이야말로 민주주의를 퇴보시키고 민주주의를 죽이는 거란다.

전에도 어떤 국회의원들이 다수당이 날치기(?) 통과를 시키자, 민주주의는 죽었다며 눈물을 줄줄 흘리는 장면도 있었지? 하지만 도리어 그런 분들이 민주주의를 후퇴시키고, 울면서 민주주의를 죽이고 있던 것은 아닌지 거꾸로 한 번 생각해 볼 일이다. 그분들은 전가의 보도처럼 국민 여론이 이렇고 저렇고 하면서 민주주의를 자신들만이 지키는 양 말한다.

그러나 가장 중요하고 확실한 여론조사가 무엇이겠니? 투표하고 나오는 길에 여론조사를 해도 틀리는 마당에 여론조사보다 더 정확한 여론은 국민투표란다. 그 이유는 여론조사는 본인의 생각과 다르게 말할 수 있지만, 투표는 국민이 직접 투표장에 가서 도장을 찍기 때문에 가장 우위에 있는 여론조사의 결과물인 것이다. 그 방법으로 국회의원이 정당별로 선출되었으면, 그 숫자가 곧 민의인 것이자 민주주의의 결과물이 아니겠니? 그 원칙에 의해 '다수결 표결'로 국민을 위한 법률과 정책들이 결정 나는 것이 오히려 민주주의의 뜻과 방향에 맞는 것이다.

그렇기에 '국회선진화법'은 민주주의 정신과 헌법에 위배되는 법이다. 결론적으로 한국의 입법부가 스스로 '불법을 창조'한 것이고, 입법부가 대를 이어가며 불법을 국민들에게 자행한 것이란다.

청년   정말 그렇네요? 만일 야당이 날치기라고 표현하는 다수당의 직권상정으로 통과된 법률이 하자가 있고 악법이라면 소수당은 4년 임기 동안 그 결과물에 대한 연구와 감시한 결과를 데이터로 구축해요. 이를 다음 선거에서 정책선거로 호소하면 국민이 그 손을 들어 다수당을 만들어주겠네요.

아빠   그렇지! 바로 그것이 새정치이지 무엇이 새정치이겠니! 어떤 당이 다수가 되지 못한 것은 국민의 뜻이다. 더 열심히 민의를 살피고 입법 및 감시활동으로 세상의 부조리를 개선해 나간다면 다음 선거에서 국민들이 다수를 만들어줄 것이 확실하기 때문이다. 몇년 전 한 영화에서 "국가의 주권은 국민에게 있고 모든 권력은 국민으로부터 나온다"는 헌법 제1조 2항의 내용을 다뤄 수많은 정치인들이 그 말에 감동했다면서? 네 생각에 정말 주권과 권력이 국민에게 있는 것 같니? '이익집단'에 유린당하는 거대한 여왕개미 같은 국민들에게 정말 주권이 있고 권력이 나오고 있니? 전혀 아닌 것 같구나.

청년　아빠, 지금의 정치 현실에서는 국민에게 아무런 권력이 없어요. 저 4개의 이익집단만이 권력을 향유하고 있다는 비애가 드네요.

아빠　하지만 그러한 아이러니를 해결할 대안은 먼 곳에서 찾을 필요가 없다. 이익집단의 큰 축의 하나인 국회정당은 이제부터라도 자신들의 주 업무인 '입법활동'에 매진하는 것이 활로가 된다. 다수당과 소수당이 민의를 거스르면서 싸울 필요가 없이 서로 입법 내용의 정책에 대한 모순과 좋고 나쁜 점을 연구해서 정책 대결을 벌이는 것이 새정치이고 국회의 선진화이다.

　오늘날 지구촌이 일일생활권이 되면서 시대의 급격한 변화와 다각화에 기존 법률이 따라가지 못해서 국가경제의 발목을 잡고 있는 것이 현실이다. 우리나라는 전직 대통령들과 국민들의 피땀 어린 노력으로 세계에 유례가 없는 단기간 압축된 경제성장을 이뤄 선진국 수준에 도달했다. 반면에 정당 정치인과 사회 지도층, 재벌들의 사회질서에 대한 솔선수범, 약자배려, 나눔, 노조와 사회단체들의 준법정신 결여, 일반국민들의 질서의식 부족 등 '노블레스 오블리주 정신'은 성장하지 못한 것이 한국의 현주소란다.

국민소환제는 국민의 노조이다

아빠　　이제부터라도 국민대표자회의인 국회정당은 국민의 명령을 겸허히 받고 실천해야 한다. 국회가 입법은 게을리 하면서 행정부와 사법부까지 넘나드는 이익 나누기에만 정신이 팔려 있고, 선거 때는 고개 숙이는 각도가 90도였다가 당선되면 온갖 '슈퍼 甲질'에 인격 이하의 막말을 하는 '일부 삼류 의원들' 때문에 대한민국 전체가 삼류 국가로 전락할 수도 있기 때문이다. 그래서 아빠는 국회의원의 불체포특권83)도 없애야 한다고 생각한다. 회기 중에 의결해야 한다는데도 외유나 가고 지역구 간다고 다 빠지는 의원들이 무슨 대단한 입법 일을 한다고 불체포특권을 준단 말이냐?

국회 의정 활동에서 입법제정의 종류와 건수, 통과여부 그리고 국민대표자들로서의 언행. 품격 등을 중간 2년차에 결산하여 일정한 점수제한제를 만들어 낙제한 의원에 한해 해당지역 여론조사 및 투표를 통하는 '국민소환제'84)를 실시해야 한다고 생각한다.

공무원들조차 일부 노조가 있어 힘을 쓰고 국회정당은 공무원연금 개혁 하나 하는데도 그들의 눈치를 보며 여야가 서명까지 했다가 파기하고 싸우는 일도 있었지? 어느 당이든 야당이 되면 여당의 입법안마다 조건부 끼워 넣기를 하여 국정의 발목을 잡아서 결국 본래 목적이 무색해진 걸레(?)가 된 입법이 되고 마는 일이 허다하지 않니?

청년　　예, 맞아요. 무슨 입법이 서류로 산더미같이 쌓여 있다가, 상호 이해타산이 맞으면 하룻밤 사이에 일괄 통과되는 일이 4년 임기 내내 일어나요.

아빠　국회가 자기들의 표만 계산하며 대다수 국민과 미래 청년들은 손해와 부담을 지든 말든, 눈앞의 표와 목소리 큰 단체들이 유리한 대로 국민이 쥐어준 칼자루를 사용하더구나. 특히 이번 19대 국회는 지역구 확정 시한을 넘겨 지역구도 없는 상태의 국회의원이 존재하는 상태를 만들기까지 했잖니? 법률소비자연맹이 조사한 바에 따르면 본인들이 발의한 법안도 표결 과정에서 반대표를 던지거나 기권한 경우가 수십 건에서 수백 건이나 되는 어처구니없는 일이 벌어졌다고 한다.[85] 국회가 정말 이런 식이라면 우리 국민들도 이제는 노조를 만들어야 한다고 생각한다.

청년　아이구~ 국민들이 어떻게 노조를 만들어요, 아빠?

아빠　하하하~ 국민의 노조가 바로 '국민소환제'란다. 특히 이 제도의 효과를 극대화하기 위해 지금의 지자체장 주민소환제도를 보완·수정해야 한다. 지자체장의 '주민소환 투표'는 너무 어렵고 복잡한 절차로 인해 제 기능을 못 하고 있단다. 120일 안에 전체 유권자의 10% 이상 서명을 받고 전체 유권자 3분의 1 이상이 투표해서 유효표 과반 이상 찬성을 받아야 한다.[86] 이것은 주민들의 참여를 이끌어내기 아주 어려운 문제란다. 그 대안으로 국민적 관심과 참여를 위해 일괄 법률로 임기 2년차에 일자와 편한 방법을 정해두면 그 시기에 언론과 전 국민의 관심을 받는 것이다.

지금과 같이 국민이 준 칼자루를 자신들의 이익을 취하는 데 사용하는 국회로부터 국민의 이익을 지키는 노조의 기능을 '국회 국민소환제'로 완성할 수 있다. 그래야 역설적으로 그들이 늘 말하는 것처럼 국민에게 국민대표자를 선출할 권리와 감시권이 주어져야 비로소 권력이 국민에게서 나오게 되는 것이다. 혹자들은 선거비용과 잦은 선거의 폐해를 핑계 대겠지만, 오늘날 이익집단의 도구로 전락하여 국민 에너지를 허비하는 4년간의 폐해에 비할 수 있을까 싶다.

또한 국회의원 숫자도 현재의 선거인 수나 지역 인구수로 할 이유가 없다. 입법을 하는 업무임을 감안하면 기존 경제발전에 따른 환경 변화에 보조를 맞추는 입법 활동이라는 본 업무에 충실할 경우 국회의원은 약 200명으로도 충분하다. 또한 의원 세비를 기본경비 수준으로 대폭 삭감하여 명예직에 가깝게 혜택 제도를 바꾸어야 한다. 그래야 국민 위에 군림하는 이익집단의 이미지를 벗고 국민의 존경을 받는 명예의 전당이 되리라 생각한다. 국회의원과 장·차관들이 단 하루를 근무해도 평생 연금을 받을 뿐 아니라 비리나 범죄로 장관직과 의원직을 상실해도 연금을 받고 있는데, 너는 그것이 옳다고 생각하니?

청년   글쎄요~ 법으로 규정되어 있으니까 주는 게 아닐까요?

아빠   그래! 과거에 자기네들이 그렇게 만들었지. 하지만 장관이나 국회의원도 다 동일한 공무원이란다. 한데, 일반 공무원들은 임기에서 하루만 빠져도 연금이 나오네 마네 하는데, 어찌 같은 공무원인 장관이나 국회의원은 하루를 하다가 그만두어도 평생 연금을 타는 것인지 형평에 어긋난다고 생각한다.

그래서 2015년 1월 1일부터 개정 시행된 '대한민국 헌정회 육성법'에서는 제명·비리로 의원직 상실, 1년 미만 재직 등등은 의원연금이 지급되지 않도록 했단다.[87] 만시지탄晩時之歎이지만 잘한 일이지.

그리고 부정과 불법으로 기소되어 처벌을 받고 의원직(기관장직)을 상실하면 다시 재보궐 선거를 하여 국고와 국민적 에너지를 허비하지 말고 그 당시 차석표를 득표한 후보를 의원이나 기관장이 되도록 선거법령을 개정하는 것도 대안으로 입법화해야 한다. 그래야 선거가 혼탁해지지 않을 뿐 아니라 선거 전에도, 선거 후에도 국회의원, 단체장, 도·시·구의원이나 후보들이 몸가짐과 처신을 잘하지 않겠니?

청년　그래요! 그거 좋은 대안인 것 같아요. 가장 힘 있는 '국민 노조'의 다른 모양일 것 같아요. 국회의원이 되기 위해서라도 평소 흑색선전과 부정부패를 멀리하며 몸조심을 하겠는데요? 선거비용과 국민적 피로도도 줄어들고요.

사실 국회의원들은 당선된 뒤부터는 자신들이 국민을 위해 엄청 고생하면서 국가 살림의 한 축을 수행하는데 국민들이 자신들한테 이 정도 보수와 혜택은 주어야 되지 않느냐 하는 자가당착에 젖어 있는 건 아닌지 의심이 들어요. 그러한 생각을 갖고 그런 행동을 한다면 '입법부 독재'라는 말이 생길 정도의 기득권을 내려놓고 다들 물러나면 되지요. 아마도 약간의 보수만 받고도 정말 사명감과 명예만으로도 국회의원직을 수행하겠다는 사람들이 넘쳐날걸요?

아빠　특히 19대 국회 임기 말에는 과거의 소위 '어처구니 불법'인 국회선진화법에 버금갈 법안을 제의하였다. 민주주의의 기본구조인 입법, 사법, 행정의 삼권이 분립하여 상호 균형을 통해 제도를 유지하는 것임을 우리 국민 누가 모르겠느냐. 그 힘의 균형은 결국 그들 삼권의 유익을 위한 것이 아니라 국민의 유익을 위함이지만 우리나라 현실은 그렇지 않다는 것을 온 국민이 다 알고 있는 현실이다. 진실이 그렇건만 19대 국회는 '상시청문회법'을 발의하였다. 과도한 행정부의 권한을 견제, 감시하겠다는 명분이지만 과연 그리 될 것이라 믿는다면 그것은 너무 순진한 생각이고 바로 한치 앞도 못 내다보는 단견이 될 것이다.

청년　정말 그래요. 우리나라 정치 현실은 1년 내내, 5년 내내 정부의 정책을 발목 잡아 아무 일도 할 수 없을 거예요. 여와 야의 정치 쟁점마다 국면전환용으로도 수없이 청문회 카드를 남발하겠죠. 그것은 지금까지의 정치판의 역사가 증명하고 우리 사회의 의식과 매너가 그런 것들을 실천하는 미국만큼 성숙하지 않았다고 판단되어요.

아빠　그렇단다. 삼권분립이란 힘의 균형의 묘이고 그 민주주의의 묘는 각 국가의 환경특성과 민족성, 사회의 변화 트랜드에 따라 조금씩 다 다를 수밖에 없는 것이 진리라고 보아야 한다. 만일 이 '상시청문회법'이 성사 된다면 그것은 입법부가 자신들의 권한을 남용하여 행정부를 '과도하게 견제'하는 것이 아니겠느냐? 그동안 국회가 늘 말하던 정부가 입법부에 간섭과 견제한다고 불평하던 일을, 이번에는 국회가 정부를 견제하고 간섭하는 것이 되는 것이다. 이렇게 1년 내내 치고받으면 고통 받는 건 국민들이고, 5년 내내 치고받으면 국가 경제 파국으로 결국 민족의 쇠락을 가져올 것이다. 정치가 불안해져서 결국 경제가 망하고 사회 치안까지 무너져버린 나라들이 한두 곳이 아니지 않느냐? 우리 국민들이 깨어나고 정치적 중심을 잡아야할 절체절명의 갈림길 같구나.

청년　　명심하겠어요, 모든 야당들은 정부의 정책이나 입법사항을 트집 잡아서 폐기시키거나 지금 같은 '상시청문회법'으로 임기 내에 견제 간섭하는 일을 지양해야 한다고 생각해요. 일단 모순점이 있으면 지적을 하고 언론에 발표하면서 우리 당에서는 이런 보완책을 제시한다. 하지만 정부와 여당이 수긍하지 않지만, 나라 살림을 책임진 행정부와 여당의 법안대로 표결해 주고 그 모순들을 데이터로 국민들에게 호소하면 되지요.

　그래서 임기 4년 후 정부와 여당의 원안대로 통과된 법과 정책이 제대로 작동하지 않았던지, 혹은 야당의 지적대로 모순점이 드러날 수가 있을 거예요. 그 결과치는 차기 총선과 대선에서 야당의 크나큰 '전략적 자산'이 되어 국민은 야당의 손을 들어줄 거예요. 바로 그런 것이 정책선거이고 흔히들 말하는 '새 정치'이자 의회민주주의 시스템이라고 믿어요.

국회 입법부든 정부 행정부든지 간에 선거를 통해 주어진 기간 안에 서로를 간섭하고 견제하는 '우회적 방법들'은 절대로 민주주의 시스템이 아니라고 생각해요. 헌법에 의해 국민의 선택에 의해 주어진 시간이 끝날 때, 간섭하고 견제하며 심판하는 것이 선거를 통한 민주주의적 견제이자 간섭의 정의가 아닐까 생각했어요.

아빠　그래, 참으로 정확하고 멋진 국회의 기능에 대한 정의를 내려주었구나. 이제라도 국회와 모든 정치인들이 너의 그 말을 새겨들었으면 좋겠다. 국회의원들이 입법과 국정감시 역할에 충실하고, 진정성을 보이려면 그들 스스로가 자신들의 권익을 내려놓아야만 한국정치가 일류가 되는 기적이 일어날 것이다. 그 기적은 이제라도 국민들의 관심과 의지를 모은다면 가능할 수도 있다고 생각한다.

예를 들면 총선 때 각 정당과 출마자가 국회의원 숫자 축소와 의원들 혜택 줄이기, 연봉 삭감, 불체포특권 폐기, 국민소환제 법률 제정 약속 등을 공약의 하나로 내세우는 것이다. 그러면 국민들은 그 정당과 후보를 지지하고 그러한 공약을 한 후보가 당선된다면 그들은 그 약속을 지키게 될 거라 생각한다.

청년　아빠~ 사실 우리나라의 언론 방송매체를 하루도 빠짐없이 소란스럽게 하고 국민적 에너지를 허비하는 것은 행정부도, 사법부도, 연예인도, 국민들도 아닌 국회 정치인들인 것 같아요. 상대 당과 정부가 잘 안 되어야 총선과 대선에서 승리하고 집권한다고 생각해서겠지요? 하지만 어느 쪽이든 야당이 되면 모든 법안을 트집 잡고 통과시키지 않다가 회기 끝에 겨우 자신들의 당리당략에 맞는 것을 끼워서 하룻밤 사이에 졸속 통과시키기도 하지요. 이런 행태가 어떻게 국민을 위하는 정치겠어요? 너무 화가 나요.

아빠   그래, 너무 한심하기도 하고 울화통이 터지기도 하지? 국민 한 사람 한 사람은 너무 힘이 없고 정치 기득권 세력의 카르텔(cartel)[88]은 점점 더 견고해지고 있구나. 과거부터 오늘날까지 민주주의를 위해 고통과 고난의 눈물을 흘려온 사람들이 있다. 그리고 그 반대편에 서서 경제성장의 일꾼으로 열심히 살아온 사람들도 있다. 그런 에너지들이 모여 전쟁의 폐허와 무지 속에서 반세기 만에 꽤 괜찮은 민주주의 국가로 성장하면서, 동시에 세계 12위권의 경제성장까지 이룬 지구상의 유일한 국가가 대한민국이다.

국가의 주권은 국민에게 있고 국가의 권력은 국민에게서 나온다고 말은 하면서, 권력을 가로챈 '이익집단'들끼리 서로가 서로를 향해 기득권 세력이라고 질시하다가, 자신들이 권력을 잡으면 그들이 '또 다른 기득권 세력'이 될 뿐 국민의 권력은 어디에 숨어버렸는지 알 수가 없구나. '국민의, 국민에 의한, 국민을 위한 정부'가 정말 존재하고 모든 국민을 평등하게 대우하고, 노력하는 만큼 다 잘 먹고 잘살고 사유를 누리게 해줄 수 있으려면 과연 정치인들이 어찌해야 할까?

'정치 이야기'의 마무리로 미국의 마르틴 루터 킹 목사의 연설에서 "I Have a Dream !", "나에게 하나의 꿈이 있습니다!", "백 년 전 위대한 한 사람이 있었습니다."라는 감동적인 연설이 생각나는구나. 그것은 에이브러험 링컨 대통령을 말하는 것이고 민주주의를 거의 완성한 링컨의 정치술을 닮고 싶은 킹 목사의 외침이란다.

그 유명한 게티즈버그 연설은 물론, 미국을 하나로 만들기 위해 정적政敵도 능력만 있으면 정부내각에 불러들이는 진정한 탕평인사를 실행한 링컨의 내각을 세간에서는 라이벌팀이라고 부를 정도였단다. 링컨은 그래야만 북과 남으로 갈리고 흑인 노예제도의 찬반으로 갈라진 미국을 온전히 하나로 묶을 수 있다고 믿었기 때문이다.

링컨 대통령이야말로 자신을 반대하는 국민까지 포함하여 국민 전체를 이해하고 포용함으로써, 진정한 민주주의 정신에 가장 가깝게 이른 정치인이었음을 통찰한 킹 목사의 외침인 것이다. 오늘날 우리의 대통령들과 정치인들이 진영논리와 이익집단의 굴레에서 빠져나와 전체 국민의 충복으로 다시 일어서기 위해 이제라도 저 위대한 한 사람 에이브러험 링컨의 정치술을 배우고, 링컨의 마음을 가졌으면 좋겠구나.

청년   아빠~ 멋진 마무리예요. 지금 우리나라의 현실에 꼭 필요한 것이 에이브러험 링컨의 정신인 것 같아요. 그런 마인드를 가진 정치인과 사회 지도자들이 많이 나왔으면 좋겠어요.

부록

사회　교육 이야기

연·기금 안전보장 정책

　국민연금, 건강보험 등의 안정적 투자로 연·기금 고갈위험[89] 해소정책을 마련해야 한다. 예를 들어 전국 가로등 약 270만 개(279만 MWh)를 LED 전등으로 교체하면 약 40%(112만 MWh)가 절감[90]되고, 이는 4인 가족 75만 가구가 1년간 쓸 수 있는 양이며 CDM 사업(탄소배출권)의 이익까지 발생한다.

　또한 주식투자 등 고위험군의 투자를 지양하고 전국의 가로등, 공공시설, 공공기관 및 공기업, 일반기업체, 각종 경기장, 영업상가, 가정의 전등 순으로 LED 전등으로 교체하면 추가 원전 증설 없이 '블랙아웃'을 예방할 수 있다. 소비자가 기피하는 고가의 LED 전등의 교체비용을 교체회사들에 연·기금이 자산운용사를 통해 출자한다.

| 그림 9 | 연기금 고갈위험 해소정책

● 세계 5위의 원자력발전소를 가진 한국에서 1기당 약 2조 원의 건설비용, 10년이 넘는 건설기간, 방사능 유출 위험 상존, 핵폐기물 처리 문제, 입지선정 등의 문제가 있는 핵발전소를 더 이상 짓지 않고 노후한 핵발전소를 미리 폐기가 가능할 만큼 효과 있는 정책이 될 것이다.[91]

소비자의 1년 전기 사용량의 평균을 내고 약 5년 계약한다. 1년 후 2년차부터 10% D/C하고 계약만료 후 소비자가 전체 절감 효과를 본다. 설치비는 약 12개월이면 손익분기점에 도달되고 일정한(5년) 계약기간 동안 절약되는 전기세의 소득분할로 각종 기금 등이 증가 확충되어 미래세대 불안해소 효과가 있다. 동시에 LED 생산회사와 설치회사의 고용증대와 경제유발 효과는 물론 설치기금 관리 금융기관 역시 수익증대 효과가 발생한다.

소비자의 점진적 전기세 인하 효과, LED 전등 생산, 교체업체 수익 및 고용창출 효과, 연·기금의 안전한 고수익 효과 발생, 원자력 및 화력 발전량의 감소 효과가 있다.

● 국내의 LED 전등 교체사업이 성공하면 동일한 시스템을 개발도상국들에게 연·기금으로 LED 전등의 교체사업을 플랜트화 하여 수출하면 안정적 고수익을 낼 수 있고, 관련 LED 전등 생산기업들의 수출증대 효과까지 있다.

● 추후 공기관, 공장, 서비스 산업, 각 가정까지 교체하면 노후된 원자력발전소부터 폐기하고 차츰 화력발전과 원자력발전을 최소화하여 미래 재앙의 확률을 낮추는 효과가 있다.

국민연금, 건강보험 등은 세계경제 추이에 직접적 타격을 받는 주식투자를 지양한다. 연·기금을 직접 또는 자금운용사(기관)를 통해 'NBS 기금 투자' 및 '마이론 펀드 기금 투자'로 경제활성화와 청년·명퇴 실업 해소에 기여하면서 기존 은행보다 높고 안전한 이자수익 및 투자수익 창출이 가능하다.

수요(사회)가 공급(학교)을 창출하는
전인全人교육과 실용 적성교육

현상 1, 2, 3, 4

　현재 한국 교육의 현주소는 초·중·고등교육의 목표점이 서열화된 좋은 대학에 가기 위한 입시제도에 함몰되어 있다. 그것은 암기식 교육과 선별시험에 의한 입시제도로 인해, 창의성 없고 인성부족의 청소년들을 양산하고 있다.

　그러나 그 좋은 대학을 나온다고 좋은 직장과 성공을 보장받지도 못하는 현실이다. 그에 따라 학력 외에 각종 스펙 쌓기와 유학 경력을 쌓게 되었고, 그 결과 막대한 교육비 부담을 각 가정에 지우게 되었다. 또한 대학을 졸업하지 않고 휴학을 하며 5~6년씩 대학생 신분을 유지하여, 청년인력의 낭비라는 대학 풍토를 낳고 있다.

통계청은 2016년 1월 기준 청년실업률이 9.5%를 상회한다고 발표[92]했지만, 휴학 스펙 쌓기와 아르바이트, 시간제 비정규직 등을 추가하면 현실적으로는 청년실업률이 훨씬 높을 것이다. 대학을 나와도 사회와 기업에서 필요한 기능을 갖추지 못해 사회와 기업은 약 1년간 추가 비용을 들여 재교육을 해야 하는 것이 우리 교육의 현주소이다.

대안 : 1, 2, 3, 4

초·중·고등교육의 최종 목표점이 서열화된 좋은 대학이 아니라 사회와 기업에서 필요로 하는 인재여야 한다. 그에 따라 교육의 형태와 입시제도는 사회, 기업이 요구하는 형태여야 한다. 그러기 위해서는 암기식 교육과 그에 따른 선별 입시제도가 대학에서부터 사회, 기업이 요구하는 실용 적성교육과 인성교육으로 바뀌어야 한다.

● 대학 입시제도와 대학이 바뀌면, 고등학교가 그에 맞추기 위해 바뀌고, 고등학교가 바뀌면 중학교가 바뀌고, 중학교가 바뀌면 초등학교가 바뀌게 된다. 이를 위해 가장 먼저 교육의 수요자인 사회와 기업이 바뀌어야 하는 것이다. 즉 학교 '교육의 최종 수요자'인 사회와 기업이 바뀌면 공급자인 학교와 교육 시스템, 입시방법 등이 당연히 바뀌게 된다.

● 사회와 기업이 모집요건을 창의력, 업무경험 습득상태(분석력, 서류작성 및 관련업무 처리능력), 창업동아리 경험, 인성, 학교생활 태도, 지원부문의 전문성, 무엇을 잘하는지 등으로 선택하여, 실기시험과 면접 및 토론 면접 형태 등으로 분별 시스템을 갖추어야 한다. 그러면 사람 중심, 실용능력 중심, 인성 중심으로 교육 및 입시제도와 입사요건이 바뀌는 교육혁명, 사회혁명이 일어날 수 있다.

● 사회와 기업의 모집요건이 현재의 이공계를 선호하는 채용에서 인문학의 감성을 겸비한 사고를 가진 문과생들의 비율을 현재보다 높여야 할 것이다. 지금의 세계는 기능 중심에서 사람 중심으로 변화하고 있다. 단순한 기능성 제공을 넘어서서 인문학의 창의력과 감성이 더해진 '제품' 또는 '서비스'가 소비자들의 구미를 만족시키기 시작한 것이다. 앞으로의 기업문화는 모든 기획의 초기부터 인문학의 문과 출신이 참여하는 시스템을 구축해야 할 것이다. 이공학 전공자가 놓칠 수 있는 인간의 심리 또는 다양한 인문학적 욕구를 인문학 전공자들이 발견하고 충족시키는 등 다방면, 다각도로 접근할 수 있기 때문이다.

이러한 미래 기업의 수요충족을 위해 당연히 대학에서는 문과와 이과는 물론 직능대학과 전공대학간의 '협업 수업'과 '공동 프로젝트 수행', '창업동아리 협력' 등으로 융합된 교육 시스템을 갖추어야 할 것이다.

대학 졸업시 재교육이 필요 없는 실용적 인재들이 스펙 쌓기나 유학 등으로 시간과 자금을 허비할 이유가 없어진다.

사회에 나가도 즉시 투입이 가능하도록 교육 받은 청년들은 창업 및 취업이 훨씬 쉬워져 청년실업률은 현저히 낮아질 수 있다.

수요자인 사회와 기업이 요구하는 실용 적성교육과 인성교육을 받은 청년 인재들로 인해 지금과 같은 국가적·사회적 지불비용이 현저히 절감되어 사회와 기업의 경쟁력 향상에 기여한다.

학년제 조정(5-4-3-3) : 직능 학사제 & 전공 학사제

개요

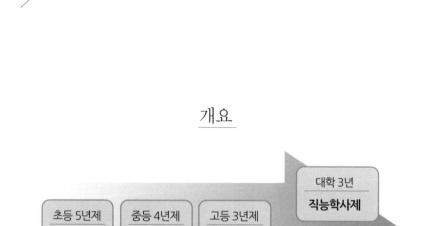

| 그림 10 | 교육개혁 5-4-3-3제

초등학교 5년 감성 교육제 과거와 달리 각종 미디어와 영상물의 보급과 생활화 및 유아원, 유치원, 학원 등 학부모들의 조기교육 열풍으로 어린아이들의 인지 능력이 1~2년 이상 향상되었다. 그러므로 초등학교

를 현행 6년제에서 '5년제로 단축'할 필요와 환경이 성숙해져 있다.

중학교 4년 전인 교육제 중학교에서 전 과목의 스펙트럼을 넓히고 학습의 깊이는 보다 얕게 하여 부담을 줄여주며 사춘기 청소년들의 폭넓은 지식습득 과정과 감성을 키우는 전인교육을 실시한다. 중학 4년은 정신적 변화가 가장 심한 연령을 감안하여 '저학년 2년'과 '고학년 2년'으로 구분하여 교육과정의 심도와 폭을 다르게 한다.

고등학교 3년 전공제 지금의 전문대와 대학처럼 전공제로 하되 2학년 1학기 때 전과轉科 1회와 복수 전공을 가능하도록 한다. 고등학교 때부터 자신의 적성과 좋아하는 전공을 선택, 집중하여 사회와 기업이 필요로 하는 실용적 인재의 길을 즐겁게 준비하도록 한다.

● 현재처럼 고등학교에서 오직 대학에 가기 위한 목적으로, 자신이 필요로 하지도 않고 전공과 무관한 그 많은 과목을 그렇게 깊이 공부할 필요가 없다. 즉 자신이 평생 한 번도 사용하지 않을 70~80%의 학문을 공부하느라 에너지를 허비할 이유가 없는 것이 현재와 미래의 사회현실이기 때문이다.

대학교 3년 직능 학사제

- 고등학교에서 이미 전공교육 3년을 수료했으므로 직능 전공 대학에서 1년차에 인성교육과 교양교육 등을 거치면서 전공 업종별로 무

수한 창업동아리를 통해 실무경험 및 산학연계된 '창업스타트 인큐베이터' 실무교육을 실시한다.

  - 직능대학 2년차부터는 대학생들이 실무능력 습득과 창업능력 등이 함양되어 사회에서 인정받는 수준이 되면, 졸업 전에도 언제든지 취직이나 창업동아리 등의 사회진출을 하면 자퇴할 수 있다.

  ● 현재 대학교육의 목적이 원하는 취직이나 창업이 목표이므로 그 목표를 직능대학에서 이미 성취했다면, 대학 잔여 학습기간을 다 채워 학사졸업장을 받을 이유가 없다. 이는 현재 우리나라에 만연한 학벌지상주의의 병폐가 사라지는 효과가 있다.

  ● 현재 과다공급된 대학교들과 학생 수 부족, 시설 및 재정예산 부족 등의 문제로 높아진 학자금이 사회문제로 발생한 상태이다. 이 교육제도는 유사한 직능 전공과목 위주와 '서비스학과' '새마을 관련학과' 등등 현대생활 패턴에 따른 학과의 신설과 통폐합이 일어나야 한다. 그 결과 새로운 학과로 인해 전국 대학교가 지역을 넘어 자발적으로 직능 기능과 시설별로 통폐합되는 순방향의 대학교간 통폐합이 활발해질 것이다. 그 결과 서울 수도권과 지방대학 간의 차별을 없앨 수 있다.

  ● 또한 창업동아리 수익 등이 발생하는 산학복합체로 변신한 직능대학교는 NBS기금 등의 대출, 투자 지원 등으로 대학 창업농아리의

생산화, 사업화, 수익발생 등으로 자립성이 증가한다. 그 결과 지금의 사회문제인 고액의 학자금을 획기적으로 낮출 수 있다.

● 이 교육혁신은 일부 교육학자들의 염려처럼 대학의 새로운 서열화를 부추길 이유가 없다. 오히려 좋은 시설과 기재를 잘 갖추어 직능교육이 훌륭하거나, 취업과 창업을 많이 또는 잘하는 대학교가 좋은 대학이 될 것이다. 이런 서열이라면 생겨도 무방하리라 생각한다.

● 교사나 교수, 의료진, 법조인 또는 특정 전문 프로페셔널이 되고 싶지 않은 대학생들이 지금처럼 굳이 4년제 대학과 석사 2년제까지 공부할 이유가 없다. 자신의 소질과 적성 그리고 학습능력을 스스로 판단하여 보다 일찍 사회에 진출하여 산업 전반에서 자신의 소질과 실용 업무능력을 발휘하는 것이 국가적으로, 사회적으로, 개인적으로 강력한 경제생산성 향상 효과를 가져올 수 있다.

● 심각할 정도로 급속한 고령화 사회로 접어든 한국은 노동생산성 감소하락이 세계 신용평가사들의 우려사항이 되었다.[93] 그러나 이 교육제도로 인해 최소 2~3년 정도의 젊어진 노동인구의 사회유입 증가 효과는 미래 한국경제의 또 다른 희망으로 작용하리라 예상한다.

대학교 3년 전공 학사제

- 항간의 유머처럼 "공부가 그 중 제일 쉬웠어요" 하는 탁월한 학생

들과 소명감이 남다른 학생들이 있다. 그런 학생들은 고등학교에서 전공 3년을 수료했으니 전공 대학교에서 3년 학사로 졸업하고 2년 석사를 마칠 수 있다. 그 결과 사회에서 전문가로서 현재보다 1~2년 일찍 일하며 자신만의 보람과 성취를 이루는 것이다.

- 현재의 일반 대학생, 대학원생과 같이 사회의 전문가들이 되어 박사과정, 유학 등의 학문을 수행한 전문가들을 국가와 국민, 사회와 기업이 존중해 주고 일정 수준의 '배려성 혜택과 존경'의 사회 분위기를 갖추어야 한다. 그래야만 자긍심과 학술성을 갖춘 전문가 인재들을 양성할 수 있기 때문이다.

● 그러한 전공 프로페셔널의 꿈을 가진 학생들도 본 교육개혁의 초·중학교까지의 인성과 창조성 및 창의력을 키우는 교육으로 인해 지금보다는 월등한 감성적 소양을 겸비한 전문가들로 성장하는 진정한 전인교육이 될 것이다.

사회 맞춤형 교육 5개년 계획

현상 1, 2, 3, 4

한 국가의 교육은 '백년지대계百年之大計'라고 했건만, 우리나라는 정권이 바뀔 때마다 설익은 교육 및 입시제도의 변화로 청소년들의 올바른 전인교육을 기대할 수 없는 현실이다.

학생이 친구를 폭압하고 왕따시키는 것은 물론 성폭행 등을 저지르고, 학생들이 선생님을 조롱하고 폭행하는 사건들도 자주 일어나고 있다. 선생님들은 학생에게 감정적인 폭력으로 대응하거나, 성추행까지 일어나기도 한다.

심지어 학부모가 학생들 앞에서 선생님을 폭행하는 교권 상실의 참담한 현실이 한국 교육현장의 모습이다. 이런 환경 속에서 뜻있는 스승의 도道는 무력해지고 소명 있는 사표師表는 사라지고 있다.

의식이 남다른 특정 교사들의 일부는 지학志學의 시기, 감성적으로 예민한 사춘기 학생들에게 자신들의 정치적 의식과 목적을 인지시키는 사례가 기사화되고 있다. 중·고등학생들까지 학문의 전당 울타리를 뛰어넘어 거리로 나가는 것이 학생인권과 교육의 본분은 아닐 것이다. 우리 한국이 민주주의와 시장경제 질서가 무너진 나라들과 같은 상황은 더더욱 아니기 때문이다.

대안 1, 2, 3, 4

설익은 교육 시스템의 잦은 변화를 예방하고 '교육 백년의 대계'를 위해 사회 맞춤형 교육 5개년 계획 프로세스에 따라, 한 정권하에서 개혁을 완성하여 정권의 성과물을 내려는 성급함을 버려야 한다.

수요자인 사회와 기업이 창조성과 창의력은 물론, 직능 업무능력 외에 인성과 감성을 겸비하고 학생 때부터 '주변을 배려'하고 함께하는 '건전한 사회성'을 함양했는지를 심도 있는 '학생생활부'를 통해 평가하는 입시전형이 되어야 한다.

● 비중이 커지는 '학생생활부'의 전문화는 사회와 기업의 입사요

건의 중요한 요건이 되면서 동시에 추락해 버린 '교권 확립'의 동력이
되어 스승의 사표師表를 되살리는 계기로 작용할 것이다.

　- 어린 학생일지라도 변화된 '사회 맞춤형 교육제도' 하에서 자신의
감정을 다스리고 절제함은 물론, 주변 학생들과 더불어 상부상조하는
훈련을 받고 그런 정신을 함양해야 한다. 비록 사춘기 시절의 폭발 에
너지를 절제하고 규제한다는 것이 고통스러울 것이다. 하지만 그런 고
통을 감내하면서 지성과 감성을 겸비한 건전한 성인으로 성장하도록
인도하는 것이 '교육의 근본목적'이기 때문이다.
　- 선생님들의 촌지 사례나 감정적 폭력과 성추행, 모범이 되지 않는
사회생활 등은 변명의 여지가 없는 자격상실의 요건이다. 사례의 경중
을 상·중·하로 판단하여 견책과 중징계 및 사직은 물론 사법처벌까
지 스스로 자정규범을 시행해야 한다.

　그러나 어떠한 일로도 학부모나 학생으로부터 폭언, 위협, 폭행 등
의 위해를 당하는 일이 없도록 예방하여, '교권 확립'을 강화하는 입법
화가 필요하다. 교육자 입장에서 처벌불원 등의 사례를 막고, 교육효
과를 위해 피해자의 '친고죄'가 아닌 사법처리 입법이 중요하다. 사법
처리시 가해자의 엄중한 형사처벌 및 민사처벌을 강화해야 한다.

　또한 선생님들의 과중한 일반 과제물 작성 및 업무 부담을 현저히
줄여주어야 한다. 교육청과 학교 자체 내의 과제물 업무는 과제물 전

담 교직원 부서를 신설하여 현직 선생님들과 유기적으로 과제물 업무를 지원하도록 하는 시스템이 필요하다. 그래야 선생님들이 '학생 집중 교육의 질'을 적극적으로 향상시킬 수 있다.

전교조(전국교직원노동조합)에도 유능하고 교육열이 높은 교사들이 많다고 생각한다. 다만 아쉬운 것은 그분들 스스로가 자신들은 '선생님'이 아니라 '노동자'라고 규정하고 노동자의 권익을 주장함으로써 스승의 사표師表를 스스로 약화시킨 면이 있다. 교직원이고 노동자라면, 당연히 수요자인 학교(교육청)와 학부모들로 구성된 교직원(노동자) 평가위원회의 업무수행능력과 인성평가 등을 주기적으로 검증받아야 마땅하지 않을까 생각한다.

사회 맞춤형 교육 5개년 계획 프로세스

- 정부 출범 후 교육공무원, 교감, 교사, 교수, 교육대학생, 법조인, 일반인, 학생 등으로 여러 개의 복수 팀을 구성한다.
- 새 학기 시작 전에 세계적인 교육 선진국 2~3개국을 선정하고 초·중·고등학교에 각각 7~10개월간 경험연수를 보낸다.
- 임기 2년차에 교육연수팀과 국내 학계 전문가 및 대학교수, 초·중·고 교사 및 교육공무원, 학부모 등과 연수 결과물 발표와 검토 후 추가 의견을 취합한다.

- 임기 3년차에 사회 맞춤형 교육개혁안과 융합한 '교육개혁 백년의 대계'의 1안, 2안을 준비한다.
- 국민 상대로 공청회를 실시하고 추가 여론과 지혜를 수렴한다.
- 시범대상 학교를 선정하여 초·중·고·대학에서 시범 실시한다.
- 임기 4년차에 최종 교육안을 전 국민 앞에 발표한다.
- 임기 4년차에 법안을 발의하고, 임기 5년차에 시행 준비 후 차기 정부에서 전면 실시하도록 한다(정권이 교체되더라도 국민적 합의에 의한 이 교육제도는 연이어 실행되어야 한다).

앞으로를 살아갈 여러분께!

사랑하는 국민 여러분! 지금 대한민국은 요동치는 동북아 정세의 절벽에 서 있습니다. 그러한 위기에도 불구하고 우리의 현실은 내부 사회 여러 계층의 분열과 반목으로 국가의 발전과 도약의 기회를 놓치고 있습니다.

'경제만능주의세력'과 그 대칭축인 '민주화만능주의세력' 그리고 우리 사회의 실질적 수혜자들인 '정치·경제기득권세력'은 물론, 목소리를 높이며 농성만능주의로 자신들의 입지를 강화하는 단체들의 '권리기득권세력'까지, 마치 사색당파 같은 세력들의 싸움터 같습니다. 이러한 세력 진영들이 진정 국민을 위한다면, 이제부터라도 나눔과 양보, 협력이 미덕이었던 한국적 가치를 실천해야만 합니다. 대칭적 사회의 동력動力이었던 갈등의 대립각을 끝내기 위해, 차라리 '이념의 비움'이 필요한 시대가 왔습니다.

여러분 집집마다 청년실업의 아픔을 겪고 있는 아들딸이 꿈을 잃고 풀죽어 있는 이때에 보수, 진보 이념이 다 무엇이고, 전라도, 경상도, 충청도가 다 무엇입니까? 보수면 어떻고 진보면 어떻습니까? 생각과 정체성이 조금 다르다고 상종 못 할 원수입니까? 이제는 모든 것을 소모시키는 그 이념을 비워버리고, 전세계가 당면한 '경제멈춤 현상'의 위기에서, 지구촌 사회가 요구하는 것들을 우리의 과거와 현재에서 찾아냅시다. 우리에게 숨어 있는 한국적 가치를 더욱 보편화 · 체계화하여 지구촌을 향해 경제동력과 희망을 주는 새로운 '한류 비전'을 제시해야 할 때입니다.

이제라도 온 국민들이 마음을 모아, 과거 새마을운동과 IMF 금 모으기 운동을 할 때, 그리고 2002 월드컵을 응원할 때처럼, 다시 한번 해보자는 온 국민들의 의지가 필요합니다.

자랑스러운 대한민국 국민 여러분!
우리 이웃과 다같이 행복을 나누고자 하는 마음으로, 소시민들의 부족한 아이디어와 글을 모아 부끄럽게 세상에 내놓습니다. 더 깊고 더 다양한 의견과 아이디어를 보태주셔서 '경제순환민주화'와 '신사업 공간운동'을 이 땅 위에 구현시켜, 더 이상 희망과 꿈을 접는 청년들이 이 땅에 없게 해주십시오.

청년 여러분! 포기하지 말아요. 우리 함께 다시 한번 꿈을 꿉시다.
우리 대한민국은 정말 대단한 나라입니다.
우리 한국인은 해낼 수 있습니다!

간절한 심정으로 이 책을 대한민국에 바칩니다.

2016년 손오공의 해

'아빠'

제1장 경제 이야기 //

1) 박근혜 대통령(2012), 창조경제론, 국무회의 발표 전문 참조

2) 창조경제혁신센터(Contents Korea Lab) : 영세사업자나 창업준비자를 대상으로 콘 텐츠 제작과 사업화를 종합적으로 지원하는 기관. 정부(미래창조과학부)가 제작비 를 지원하는 것은 물론이고 법률 · 회계 · 기술 · 판촉 등 사업상의 거의 모든 부문 에 걸쳐 지원한다. 콘텐츠 제작 아이디어를 가졌거나 창업을 준비하는 이와 지역별 정보 산업 관련 기관이 컨소시엄을 이뤄야 한다. 관련 기관도 정부 지원금의 10% 이상을 현금이나 현물로 지원하는 체계다. 의료 · 교육 · 이동통신, 초고선명(UHD : Ultra High Definition) 방송 콘텐츠 등 일상생활 지원 기능에 융합한 콘텐츠를 발굴 하는 것이 목표다. 미래창조과학부와 한국전파진흥협회는 2014년부터 매년 5개 랩 을 뽑아 지원한다. IT용어사전, 한국정보통신기술협회
   • 황상욱(2015. 7. 5), 전국 창조경제혁신센터 운용 현황 · 전망, 파이낸셜뉴스. http://www.fnnews.com/news/201507051837499571
   • 박희범(2015. 9. 22), 창조경제 플랫폼 완성⋯ 도약 날개짓, ETNEWS. http:// www.etnews.com/20150907000381

3) 미래창조과학부, 창조경제혁신센터, K-crowd 웹사이트 참조. https://kcrowd.kr, https://ccei.creativekorea.or.kr, https://kcrowd.kr/
   전아림(2015. 4. 7), 미래창조과학부, 'K-글로벌 프로젝트' 통합 사업 설명회 개최,

벤처스퀘어. http://www.venturesquare.net/580253

4) 대한민국 청와대 블로그(2016. 2. 17), 박근혜 대통령, 제9차 무역투자진흥회의 주재해 새로운 수출 동력과 투자 활성화 대책 논의!, http://blog.president.go.kr/?p=59718

5) 이승재(2016. 2. 17), 박 대통령 "규제, 물에 빠뜨리고 살릴 것만 살려야", SBS 뉴스. http://news.sbs.co.kr/news/endPage.do?news_id=N1003420910&plink=ORI&coo%20per=NAVER&plink=COPYPASTE&cooper=SBSNEWSEND

6) 유은길(2013. 9. 23). 청년창업펀드 천억 조성, 200개 청년기업 투자. WOW한국경제TV. http://www.wowtv.co.kr/newscenter/news/view.asp?bcode=T30001000&artid=A201309230127

오찬종, 채수환(2015. 12. 3), 청춘을 위한 응원 결국 일냈다… 청년희망펀드 1,000억 돌파, 매일경제. http://news.mk.co.kr/newsRead.php?no=1146878&year=2015

7) 온라인 이슈팀(2016. 2. 26), 억대 연봉자 52만 명, 취준생엔 '꿈같은 얘기'… 청년실업률 '최고치', MBN. http://star.mbn.co.kr/view.php?no=151966&year=2016&refer=portal

8) 서욱진(2016. 2. 16), 창조경제혁신센터 1년… 17곳 '미래 산업' 싹 틔웠다, 한국경제. http://www.hankyung.com/news/app/newsview.php?aid=2016021583411

9) 최영은(2015. 4. 9), 문재인 "소득 주도 성장… 새 경제로 대전환", KBS뉴스. http://news.kbs.co.kr/news/view.do?ref=A&ncd=3054004

10) 경제민주화 : 자유시장 경제체제에서 발생하는 과도한 빈부격차를 보다 평등하게 조정하자는 취지의 용어. 우리나라 헌법 119조 1항은 '대한민국 경제질서는 개인과 기업의 경제상 자유와 창의를 존중함을 기본으로 한다.'고 적시하고 있다.
반면 2항은 '국가는 균형 있는 국민경제 성장과 적정한 소득 분배, 시장 지배와 경제력 남용 방지, 경제주체 간의 조화를 통한 경제민주화를 위해 경제에 관한 규제와 조정을 할 수 있다.'고 돼 있다. 1항은 자유시장경제 원칙을, 2항은 그로 인한 부(富)의 편중 같은 부작용을 막기 위해 국가가 개입할 여조항이다.
현재 정치권에서는 지를 둔 1항 대신 "국가는 균형 있는 국민경제의 성장 및 안정과 적정한 소득의 분배를 유지하고 시장의 지배와 경제력의 남용을 방지하며, 경제주체 간의 조화를 통한 경제의 민주화를 위하여 경제에 관한 규제와 조정을 할 수 있다."는 헌법 119조 2항을 내세우며 소득분배와 재벌규제를 허용한다는 방침이다.
한경 경제용어사전, 한국경제신문/한경닷컴

11) 작가 주 : 경제 "민주화"처럼 "경제+사회주의화"의 합성어로 표현해 보았다.

12) 국무회의, '2016년도 예산안 편성 및 기금운용계획안 작성지침'
   김경민(2015. 9. 14), 2016년 예산 387조 원 어디에 쓰이나-일자리 창출
   에 집중⋯ 복지지출 31% 넘어, 매일경제. http://news.mk.co.kr/newsRead.
   php?year=2015&no=886029

13) 양낙규(2015. 10. 19), F-22 서울 ADEX 첫 시험비행, 아시아경제. http://view.asiae.
   co.kr/news/view.htm?idxno=2015101910214199465
   전승민(2016. 2. 14), 동북아 패권 노린 스텔스 전투기 개발 경쟁, 동아사이언스.
   http://www.dongascience.com/news/view/10325
   이정헌(2016. 1. 29), 일본, 첫 자국산 스텔스 전투기 'X-2' 공개, 중앙일보. http://
   news.joins.com/article/19497401
   문영규(2015. 12. 3), 일본 이제는 스텔스기까지⋯ 세계 4번째 개발 도전, 헤럴드경
   제. http://news.heraldcorp.com/view.php?ud=20151203000515

14) 민주주의 : 주권이 국민에게 있고 국민에 의해 국민을 위하여 정치를 실행하는 주
   의나 제도, 사상을 말한다. 전제주의와 대립되는 말로, '민주주의'의 어원은 그리스
   어(語)의 'demokratia'로 'demos(국민)'+'kratos(지배)'의 합성어로서 '국민에 의한
   지배'를 뜻한다. 민주주의의 종류에는 1. 직접 민주주의(다수결의 원칙), 2. 대의제
   (代議制) 민주주의(국민의 대표), 3. 자유주의적⋅입헌주의적 민주주의(기본적 인
   권의 향유), 4. 사회적⋅경제적 민주주의(사유재산의 공정한 분배) 등이 있다. 21세
   기 정치학대사전, 정치학대사전편찬위원회, 한국사전연구사

15) 김상욱(2012. 10. 18), 문재인 '공정경제', 안철수 '혁신경제' 각각 제시, 뉴스타운.
   http://m.newstown.co.kr/news/articleView.html?idxno=132894

16) 이진우(2016. 2. 18), 안철수 '공정성장론'에 대한 오해와 실체, 스포츠서울. http://
   www.sportsseoul.com/news/read/359343
   박주용(2015. 7. 15), (기획)차기 대선주자들 '3인 3색' 경제론, 뉴스토마토. http://
   www.newstomato.com/ReadNews.aspx?no=569955

17) 류난영(2016. 2. 18), 안철수 "공정성장론이 경제위기 탈출의 해법", 뉴시스. http://
   www.newsis.com/ar_detail/view.html?ar_id=NISX20160218_0013904343&%20cID
   =10301&pID=10300

18) 국가미래연구원(2015. 11. 9), '부채 공화국' 대한민국, 이대로 좋은가?, 뉴스토마토.
   http://www.newstomato.com/ReadNews.aspx?no=598616

유종일(2014. 10. 28), 'MB의 비용'을 따져야만 하는 이유, 프레시안. http://www.pressian.com/news/article.html?no=121290

19) 유엄식(2015. 5. 27), 가계부채 1,100조 육박… 1년새 74.4조 늘며 '사상 최대', 머니투데이. http://news.mt.co.kr/mtview.php?no=2015052710194111359
안재만(2015. 12. 13), [가계부채 설문조사] 소비위축·하우스푸어 등 후유증 대비하고 DTI 등 소득심사 강화해야, 조선비즈. http://biz.chosun.com/site/data/html_dir/2015/12/13/2015121301394.html

20) 한석희(2016. 1. 19), 막 내린 中 '바오치 시대'… "세계경제 또 한번 中 위험관리 능력에 모험", 헤럴드경제. http://news.heraldcorp.com/view.php?ud=20160119000683

21) 원승일(2015. 12. 22), [12월 재정동향] "올해 세수펑크 면할까?"… 10월까지 세수 14조 9,000억 늘어나, 헤럴드경제. http://news.heraldcorp.com/view.php?ud=20151222000244
[정면인터뷰]〈오늘의 국감〉"국가 균형 재정 위해 증세 시급하다"-오제세 새정치민주연합 의원(국회 기획재정위 위원), YTN 라디오 '최영일의 뉴스! 정면승부', YTN 라디오, 2015. 9. 21.

22) 한희라(2015. 12. 13), '그들만의 빚잔치' 연소득 7,000만 원 이상이 가계부채 증가 주도, 헤럴드경제. http://news.heraldcorp.com/view.php?ud=20151212000105

23) 위의 자료.

24) 한석희(2016. 1. 19), 막 내린 中 '바오치 시대'… "세계경제 또 한번 中 위험관리 능력에 모험", 헤럴드경제. http://news.heraldcorp.com/view.php?ud=20160119000683

25) 이승호(2016. 2. 16). '브릭스(BRICs)' 진 자리에 '틱스(TICKs)'가 돋아난다. 중앙일보. http://news.joins.com/article/19574844

26) 홍헌호(2012. 7. 25.), 재정 현황 및 복지재정 확대 방안, 프레시안. http://www.pressian.com/news/article.html?no=106700

27) 정지우(2016. 1. 27), 방만경영 공기업들 여전히 '연봉 잔치', 파이낸셜뉴스. http://www.fnnews.com/news/201601271027456376
최우석(2011. 12.), 올해 21개 공기업 성과급 총액 3년 전보다 25% 증가, 월간조선. https://monthly.chosun.com/client/news/viw.asp?nNewsNumb=201112100022%20&ctcd=C&cpage=1

28) 조재형(2016. 1. 12), 정부 '부패방지 4대 백신' 프로젝트 본격 기동, 신아일보.

http://www.shinailbo.co.kr/news/articleView.html?idxno=485392

윤석이(2016. 1. 12), 정부 '부패방지 4대 백신'…"혈세 낭비 차단", 연합뉴스TV. http://www.yonhapnewstv.co.kr/tvscript/AKR20160112068700038/?did=2039m

29) 박종준(2015. 11. 19), 부동산 · 주식 · 금 어디도 못 간 단기부동자금 921조 원, 뉴 스웨이. http://news.newsway.co.kr/view.php?tp=1&ud=2015111908015240984& md=2015%201119085613_AO

30) 신지후(2015. 11. 29), "일과 삶의 균형을 위해"… 스웨덴 6시간 근무제 확산, 한국 일보. http://www.hankookilbo.com/v/929c73028ba444a082e245cafd1fef20

31) 김경진(2015. 12. 4), 2060년 국가채무비율 38~62%… 2025년부터 연금 고갈, KBS NEWS. http://news.kbs.co.kr/news/view.do?ncd=3193201&ref=A

오상민(2015. 9. 14), 윤호중 "내년 국가채무비율 GDP 대비 40% 돌파 예상", 세정 신문. http://www.taxtimes.co.kr/hous01.htm?r_id=208873

정진우(2015. 9. 14), "재정파탄 정부" 여야가 따로 없는 재정건전성 비판, the300. http://the300.mt.co.kr/newsView.html?no=2015091415467624847

윤호중(2015. 9. 15), 「국가채무비율 2016년 GDP 대비 40% 돌파 예상, "심리적 마 지노선" 붕괴」, http://blog.naver.com/hjyun327/220481886745

32) 연합뉴스(2016. 3. 3). 아시아국 신용평가 악화 속 한국만 '나홀로 선전'. 연합뉴스. http://www.yonhapnews.co.kr/bulletin/2016/03/03/0200000000AKR 20160303101700002.HTML?input=1195m

33) 김영채(2016. 2. 25). 꼴찌에서 '세계 6위'에 오른 대한민국 수출. 주간 무역. http:// weeklytrade.co.kr/news/view.html?section=1&category=3&item=&no=15953

세계국가 GDP 순위. International Monetary Fund. http://www.imf.org/

류호(2016. 2. 26). 한국 작년 자동차 내수 판매 첫 세계 10위… 생산량 세계 5위 유지. 조선비즈. http://biz.chosun.com/site/data/html_dir/2016/02/26/2016022602475. html

임기훈(2015. 11. 24). 한국 학부모 공교육비 부담 '만년 1위' 불명예 벗어. 한국경제. http://www.hankyung.com/news/app/newsview.php?aid=2015112467451

34) Justin Fox(2014. 5. 8). 토마 피케티(Thomas Piketty), 〈21세기 자본론〉. 하버드 비즈 니스리뷰 코리아. http://www.hbrkorea.com/blogs/blog/view/page/1/blog_no/14

35) 정관웅(2010. 10. 19), '정년연장 반대' 프랑스 시위, 갈수록 격화, MBC 뉴스. http:// imnews.imbc.com/replay/2010/nwtoday/article/2720818_18909.html

36) 박성민(2015. 11. 9), 「'청년 창업' 강국을 가다 | 핀란드」, C·E·O「협업(Collabo ration)·교육(Education)·기회(Opportunity)」가 미래의 CEO 만든다, 중앙시사매 거진, 1309호. http://jmagazine.joins.com/economist/view/308852

37) 핀란드의 정치, 두산백과. http://terms.naver.com/entry.nhn?docId=1175345&cid= 40942&categoryId=31661

38) 국민건강체조, 체조안내 - 운동효과, 국민건강체조 홈페이지 참조. http://nmh. kspo.or.kr/homepage/contents/info/effect_01.asp

39) 김경민(2014. 3. 21.), 동대문디자인플라자, 개관 이후가 더 걱정!, 프레시안. http:// www.pressian.com/news/article.html?no=115625

40) 성현희(2016. 2. 24.), 「박근혜 정부 3년」 창조경제 '첨병' 혁신센터, 이젠 질적 개 선 이뤄져야… 대기업 의존도 줄이고 긴호흡 정책 절실, 전자신문. http://www. etnews.com/20160224000257

41) 국가미래연구원(2015. 11. 9.), 「국가미래연구원」 '부채 공화국' 대한민국, 이대로 좋은가?, 뉴스토마토. http://www.newstomato.com/ReadNews.aspx?no=598616

42) 장은석(2012. 9. 14.), 南신용등급 상향, 北김정은 효과?…"체제붕괴 변수", 조세일 보. http://www.joseilbo.com/news/htmls/2012/09/20120914153629.html

43) 디지털뉴스팀(2016. 1. 11.), 무디스 "북한 정권 붕괴, 한국 경제에 큰 위협"… 통일 비용 예상보니?, 동아일보. http://news.donga.com/3/all/20160111/75841120/2

44) 위의 자료.

45) 이동직(2012. 11. 7.), 세수확보 비상… 국세청 "불·탈법 집중조사" 총력전, 노컷뉴 스. http://www.nocutnews.co.kr/news/980727

46) 온라인뉴스팀(2015. 11. 4.), 「정운찬 칼럼」 단절과 불균형, 좋은 기업이 필요하다, 이투데이. http://www.etoday.co.kr/news/section/newsview.php?idxno=1228146

47) 김재창(2016. 2. 22.), 기업들, 투자 안 하고 쌓아둔 돈 590조 넘었다, 비즈니스포스트. http://www.businesspost.co.kr/news/articleView.html?idxno=23769

48) 박종준(2015. 11. 19.), 어디도 못 간 단기부동자금 921조 원, 뉴스웨이. http:// news.newsway.co.kr/view.php?tp=1&ud=2015111908015240984&md=2015%201 119085613_AO

49) 정현수(2012. 10. 25.), 국내 섀도우뱅킹 규모 1268조…"리스크 감시해야", 머니투 데이. http://www.mt.co.kr/view/mtview.php?type=1&no=2012102510130862469 &outli%20nk=1

50) 섀도 뱅킹(검색어 그림자금융) : 은행과 비슷한 기능을 하면서도 은행과 같은 엄격한 건전성 규제를 받지 않는 금융기관과 그러한 금융기관들 사이의 거래를 이르는 말. 머니마켓펀드(MMF), 환매조건부채권(RP), 신용파생상품, 자산유동화증권(ABS), 자산유동화기업어음(ABCP), 헤지펀드 등이 대표적인 상품이다. 시사상식사전, pmg 지식엔진연구소, 박문각. http://terms.naver.com/entry.nhn?docId=930312&cid=43667&categoryId=43667

51) 늘어가는 가계부채, 정부지원 햇살론으로 서민 부담 줄인다., 한국경제(2016. 2. 29). http://www.hankyung.com/news/app/newsview.php?aid=201602295753a

52) 신약성서 마태복음 10:16

53) 신약성서 마태복음 12:34, 23:25~34(마12:34)

54) 작가 주: 아케라이오이오스는 "섞다"라는 의미의 kepaw(케라오)라는 단어 앞에 부정의 의미를 지닌 접두어 'a'와 결합되어 "순수한, 섞이지 않은"의 의미를 가진다.

55) 신약성서 마태복음17:24~27

56) 신약성서 누가복음20:19~26

57) 신약성서 요한복음 18:33~37

58) 능엄경

59) 이종일(2015. 4. 7.), 금속성 이물질 포함된 불량 고춧가루 판매 60대 입건, 뉴시스. http://www.newsis.com/ar_detail/view.html?ar_id=NISX20150407_0013584738&%20cID=10803&pID=10800

60) 노현웅(2013. 1. 17.), 기준 어긴 보설계 '안전 흔들'… 준설에만 매년 3,000억 들 판, 한겨레. http://www.hani.co.kr/arti/politics/politics_general/570256.html

61) 투데이에너지(2014. 12. 8.), 「2014 환경 · 에너지 대상」 기술부문 대상 환경부 장관상 (주)에코코. 투데이에너지. http://www.todayenergy.kr/news/articleView.html?idxno=98826

62) 서동욱(2010. 8. 25.), 서울에서도 '반딧불이' 볼 수 있다, 머니투데이. http://www.mt.co.kr/view/mtview.php?type=1&no=2010082509201675862&outlink=1

63) 고수진(2015. 12. 1.), 지난해 고도비만으로 사회적 비용 7,000억 원, 닥터스뉴스. http://www.doctorsnews.co.kr/news/articleView.html?idxno=107258
이근주(2009. 2. 3.), 당뇨 위험 과소평가, 매일경제. http://news.mk.co.kr/newsRead.php?year=2009&no=67565

64) 임형진(2015. 11. 23.), 「미래를 여는 역사의 門 해방 70년 京畿」 34.평택 독립운동가 민세 안재홍, 경기일보. http://www.kyeonggi.com/?mod= news&act=articleView& idxno=1079825

박은식(검색어 박은식), 한국민족문화대백과, 한국학중앙연구원. http://terms. naver.com/entry.nhn?docId=556030&categoryI%20d=46623&cid=46623&categor yId=46623

신한청년당(검색어 신한청년당), 두산백과. http://terms.naver.com/entry.nhn?docI d=1119320&categor%20yId=33384&cid=40942&categoryId=33384

65) 김아네스, 최선혜(2009), 대한민국 임시정부의 수립 : 임시정부의 통합, 고교생이 알아야 할 한국사 스페셜. 신원문화사

66) 대한민국 건국 강령(검색어 대한민국 건국 강령), 시사상식사전, pmg 지식엔진연 구소, 박문각. http://terms.naver.com/entry.nhn?docId=933966&categoryI%20d=4 3667&cid=43667&categoryId=43667

정호일, 박찬영(2011), 한국사를 보다, p.58, 제5권.

67) 독립기념관 홈페이지 참조. http://www.i815.or.kr/

68) 이승희(2016. 3. 1.), 헌법을 무시하는 '1948년 건국일' 주장은 철폐되어야, 국제뉴스. http://www.gukjenews.com/news/articleView.html?idxno=436463%20

이동준(2015. 6. 15.), 한국은 한반도 유일한 합법정부로 인정받지 못했다, 한국일보. http://www.hankookilbo.com/v/939ce68d480d42edacec602e7310a069

69) 김성보(2014), 북한의 역사, 제1권 및 2권 참조. 역사비평사.

70) 윤상현 새누리당 의원(2015. 8. 20.), [기고] 1948년 8월 15일은 대한민국 건국일 · 독립일, the300. http://the300.mt.co.kr/newsView.html?no=2015081915117676810

양원모(2015.11.30.), '대한민국 정부 수립'과 '대한민국 수립', 뭐가 다른 걸까, 위키 트리. http://www.wikitree.co.kr/main/news_view.php?id=241270

장형우(2015. 11. 4.), 1948년 8월 15일은 '대한민국 수립일'로… 근현대사 비율 은 50% → 40%로 줄인다, 서울신문. http://www.seoul.co.kr/news/newsView. php?id=20151105003007

인보길(2016. 2. 17.), 1919년 건국? 역사 왜곡! 임정의 증거물들을 보라, 뉴스데일리. http://www.newdaily.co.kr/news/article.html?no=301425

71) 센티멘털리즘 : 센티멘털(sentimental)은 '정서적인, 감상적인'이라는 뜻이다. 센티 멘털리즘은 18세기 후반 유럽의 교양 사회에서 유행했는데, 지나친 감정 과잉으로 이성을 잃어버리는 부작용을 낳기도 했다. 우리말로 옮기면 '감상주의'라고 한다. 무용이론사전, 2011. 9. 5., 메디컬코리아

72) 안김정애(2015), 여성주의 시각에서 본 한반도 분단과 통일, 2015 WOMEN CROSS DMZ 기념 심포지엄 자료집, p.24.

73) 안김정애(2015), 여성주의 시각에서 본 한반도 분단과 통일, 2015 WOMEN CROSS DMZ 기념 심포지엄 자료집, p.22~25.

74) 얄타회담 : 1945년 소련 흑해 연안의 얄타에서 미국·영국·소련의 수뇌들이 모여 독일의 2차 세계대전 패전 관리와 한반도를 포함한 해방국의 처리를 논의한 회담. 시사상식사전, pmg 지식엔진연구소, 박문각. http://terms.naver.com/entry. nhn?docId=934309&categoryI%20d=43667&cid=43667&categoryId=43667

75) 김성보(2014), 북한의 역사, 제1권 및 2권 참조. 역사비평사.

76) 학술논문 북괴군의 초기작전 분석 : 선제타격계획과 초기 작전수행을 중심으로 (2000)

77) 주성하(2014. 1. 17.), 6자회담 참가국 국방비 전세계의 60% 차지, 동아일보. http:// news.donga.com/3/all/20140117/60222744/1

78) 연합뉴스(2013. 4. 7.), 韓 GDP 대비 국방비 2.6%… 1인당 65만원꼴, 시사뷰. http:// thesisaviewtimes.com/bbs/board.php?bo_table=m31&wr_id=183&sfl=&stx=&sst= wr_good&sod=asc&sop=and&page=9

79) 박희준(2014. 3. 20.), 통일되면 20년간 국방비 매년 20조 원 절감한다, 아시아경제. http://view.asiae.co.kr/news/view.htm?idxno=2014031109501272858

80) 연합뉴스(2016. 2. 15.), 1발에 110억 원 사드로 1발당 10~20억 원 北미사일 요격, 서울신문. http://www.seoul.co.kr/news/newsView.php?id=20160215800073

81) 새마을운동 : 1970년부터 시작된 범국민적 지역사회 개발운동, 한국민족문화대백과, 한국학중앙연구원. http://terms.naver.com/entry.nhn?docId=573914&categoryI%2 0d=46634&cid=46634&categoryId=46634
김영미(2009), 그들의 새마을운동, 푸른역사.
새마을운동중앙본부지역개발조사연구단(1984), 새마을운동 이론체계정립.
서울대학교새마을종합연구소(1981), 새마을운동의 이념과 실제.
내무부(1980), 새마을운동 10년사.
고원(2006), 박정희 정권 시기 농촌 새마을운동과 '근대적 국민 만들기', 경제와 사회, 69.

82) It's the economy, stupid! : 1992년 대선에서 빌 클린턴 당시 아칸소 주지사가 사용했던 짧지만 강력한 슬로건 '바보야, 문제는 경제야!(It's the economy, stupid)'는 답답했던 경제 상황에 지쳐 있던 미국인들에게 기대감을 안겨줬다. 결국 무명에 가까웠던 클린턴은 걸프전 승리로 압도적인 국민적 지지를 받고 있던 조지 H. W. 부시의 재선을 막고 대권을 거머쥐었다.

83) 불체포특권(검색어 불체포특권) : 국회의원이 현행범인 경우를 제외하고는 회기 중 국회의 동의 없이 체포 · 구금되지 아니하며, 회기 전에 체포 · 구금된 때에는 현행범이 아닌 이상 국회의 요구가 있으면 회기 중 석방되는 헌법상 특권(헌법 제44조). 법률용어사전, 이병태, 2011. 1. 15., 법문북스. http://terms.naver.com/entry.nhn?docId=458600&categoryI%20d=42131&cid=42131&categoryId=42131

84) 국민소환제(검색어 국민소환제) : 선거에 의하여 선출된 대표 중에서 유권자들이 부적격하다고 생각하는 자를 임기가 끝나기 전에 국민투표에 의하여 파면시키는 제도. 매일경제, 매경닷컴. http://terms.naver.com/entry.nhn?docId=13007&categoryId%20=43659&cid=43659&categoryId=43659

85) 차윤주(2016. 2. 16.), 자신이 발의한 法에 '반대표' 던진 국회의원 165명, news1 뉴스. http://news1.kr/articles/?2575370

86) 주민소환절차, 선거법령정보 참조. http://m.1390.go.kr/lawmobile/laws.letter.do?cont_id=201202140071&cont_sid=0001

87) 대한민국 헌정회 육성법 참조(시행 2014. 1. 1.), 국가법령정보센터. http://www.law.go.kr/lsInfoP.do?lsiSeq=143033&efYd=20140101#0000

88) 카르텔 : 동종상품을 생산하는 기업이 서로 가격이나 생산량, 출하량 등을 협정해서 경쟁을 피하고 이윤을 확보하려는 행위이다. 매일경제, 매경닷컴. http://terms.naver.com/entry.nhn?docId=17052&cid=43659&categoryId=43659

부록

사회 • 교육 이야기 ///////////////////////////////

89) 정윤경(2015. 12. 4.), 건강보험 2025년 · 국민연금 2060년이면 고갈, 포커스뉴스. http://www.focus.kr/view.php?key=2015120400154859571

90) 김종효(2011. 12. 5.), LED 가로등 교체, 전국 270만 개 가로등 에너지 대폭절감 기대, 뉴스엔. http://www.newsen.com/news_view.php?uid=201112051648054100

91) 한국원자력문화재단(2011. 3. 25.), 국내 원자력 발전 현황, 한국원자력문화재단. http://www.konepa.or.kr / http://navercast.naver.com/contents.nhn?rid=20&contents_id=5031

윤성효(2015. 6. 8.), "원전 폐쇄에 2조 원 소요… 차라리 '폐로' 시장 잡아야", 오마이뉴스. http://www.ohmynews.com/NWS_Web/View/at_pg.aspx?CNTN_CD=A0002116163

92) 윤우열(2016. 2. 17.), '통계청' 청년실업률 9.5%, 1월 기준 16년 만에 최고치, 스포츠동아. http://sports.donga.com/3/all/20160217/76498458/2

93) 연선옥(2015. 9. 10.), S&P "고령화, 韓 신용등급 추가 상승에 걸림돌", 조선비즈. http://biz.chosun.com/site/data/html_dir/2015/09/10/2015091002536.html

아빠와 청년, 800만 일자리
창출을 위한 창조적 대화

초 판 1쇄 인쇄 | 2016년 7월 12일
초 판 1쇄 발행 | 2016년 7월 17일

지은이 | 허동민·백 천

펴낸이 | 김명숙
펴낸곳 | 나무발전소
교 정 | 정경임
디자인 | 이명재

등 록 | 2009년 5월 8일(제313-2009-98호)
주 소 | 서울시 마포구 합정동 358-3 서정빌딩 7층
이메일 | tpowerstation@hanmail.net
전 화 | 02)333-1962
팩 스 | 02)333-1961

ISBN 979-11-86536-40-7   03300

이 도서의 국립중앙도서관 출판 도서목록(CIP)은 서지정보유통지원시스템 홈페이지(http://seoji.nl.go.kr)와
국가자료공동목록시스템(http://www.nl.go.kr/kolisnet)에서 이용하실 수 있습니다. (CIP제어번호: CIP2016014753)